Kristina Eisert

Kunst und Künstlerwerdung in Gottfried Kellers „Der grüne Heinrich“ und Ludwig Tiecks „Franz Sternbalds Wanderungen“

Kristina Eisert

Kunst und Künstlerwerdung in Gottfried Kellers „Der grüne Heinrich“ und Ludwig Tiecks „Franz Sternbalds Wanderungen“

Tectum Verlag

Kristina Eisert

Kunst und Künstlerwerdung in Gottfried Kellers „Der grüne Heinrich" und Ludwig Tiecks „Franz Sternbalds Wanderungen"

ISBN: 978-3-8288-9730-4

Umschlagabbildung: Klosterruine Oybin (Der Träumer) [Ausschnitt], ca. 1830, von Caspar David Friedrich

Besuchen Sie uns im Internet
www.tectum-verlag.de

Bibliografische Informationen der Deutschen Nationalbibliothek
Die Deutsche Nationalbibliothek verzeichnet diese Publikation in der Deutschen Nationalbibliografie; detaillierte bibliografische Angaben sind im Internet über http://dnb.ddb.de abrufbar.

I Einleitung

Ludwig Tieck, der „König der Romantik"[1], und Gottfried Keller, Autor des „poetischen Realismus" - zwei Dichter, zwei Schaffensperioden, zwei unterschiedliche Biographien, und doch lohnt es sich, eben gerade aufgrund dieser Unterschiedlichkeiten, einmal einen vergleichenden Blick auf jene beiden „Künstler" zu werfen. Auf den Menschen Ludwig Tieck ebenso wie auf das Leben des Schweizers Gottfried Keller. Allerdings soll hier keine kontrastive Betrachtung zweier Dichter-Biographien entstehen, vielmehr sollen zwei Werke unter verschiedenen Aspekten einander gegenübergestellt werden.

Gottfried Kellers *Der Grüne Heinrich* auf der einen, und Ludwig Tiecks *Franz Sternbalds Wanderungen* auf der anderen Seite, sollen den Mittelpunkt der nachfolgenden Arbeit bilden. Doch warum diese beiden Romane miteinander vergleichen? In der Forschung sind ähnliche Ansätze kaum verwirklicht. Hier erscheint Tiecks *Sternbald* häufig als Prototyp des romantischen Künstlerromans[2] und wird als Vorbild für die romantische Dichter- und Malergeneration proklamiert.[3] Kellers *Grüner Heinrich* wird oft ebenfalls in die Tradition des Künstlerromans

1 Hier zitiert nach Klaus Günzel: König der Romantik. Das Leben des Dichters Ludwig Tieck in Briefen, Selbstzeugnissen und Berichten, Berlin 1981.

2 Vgl. hierzu exemplarisch Roger Paulin, der Tiecks Werk als ersten romantischen Künstlerroman bezeichnet. (Paulin, Roger: Ludwig Tieck (Sammlung Metzler. Realien zur Literatur, Bd. 185) Stuttgart 1987, S. 46.

3 Sein Einfluss auf Novalis, Eichendorff, sowie auf die romantische Malerei von Otto Runge und Caspar David Friedrich sind unbestritten. (Günzel, S. 139) Novalis selbst schrieb am 23. Februar 1800 an Tieck über seinen im Entstehen begriffenen *Heinrich von Ofterdingen*: *„...Das Ganze soll eine Apotheose der Kunst sein [...] Es wird mancherlei Ähnlichkeiten mit dem „Sternbald" haben - nur nicht die Leichtigkeit..."* (zitiert nach Günzel, S. 204)

gestellt[4], ferner wird er als Entwicklungsroman[5] angesehen oder zusätzlich als autobiographisches Zeugnis Kellers gewertet.[6] Die Unterschiede in den Lebenswegen der beiden Künstler Heinrich Lee und Franz Sternbald sind augenscheinlich. Dem romantischen Topos eines religiös-ästhetischen Künstlertums bei Sternbald tritt das künstlerische und materielle Scheitern des Heinrich Lee gegenüber. Dennoch sind die Motive der beiden Romane nicht so verschieden, wie man anfangs denken könnte. Die Kunst und der Weg zum Künstler bilden den Rahmen beider Handlungen. Liebe, Religion und der Aufbruch in die Ferne zur eigenen Selbstfindung und Entwicklung, sowie die Begegnungen mit anderen Menschen und Künstlern „begleiten" die Protagonisten auf ihrem Weg. Allerdings erscheinen jene Motive trotzdem, jeweils verwirklicht unter dem Einfluss verschiedener Umstände und Hintergründe, als vollkommen andere. Beide Protagonisten verstehen sich als „Künstler", beide reisen in die Welt, um sich zu „entwickeln", doch während Heinrich an den Anforderungen der Außenwelt zerbricht, wird die unabgeschlossene „Künstler-Werdung" in Tiecks fragmentarischem *Sternbald* keineswegs als Scheitern aufgefasst. Die Künstler-

---

4 Im Brockhaus Literatur wird *„Der Grüne Heinrich"* in die Riege der bedeutenden Künstlerromane aufgenommen. (Der Künstlerroman, in: Der Brockhaus Literatur, 3. Auflage, Mannheim 2007, S.451/452): Auch Werner Hahl schließt sich dieser Auffassung an und beschreibt diese Gattung folgendermaßen: *„Diesem Modell aus der Goethezeit liegt die Idee zugrunde, äußere Wirklichkeitserfahrung, innere Persönlichkeitsbildung und Konstituierung von „Welt" seien Prozesse, die einander bedingen und kontinuierlich ineinander übergehen, bis sie schließlich verschmelzen in der persönlichen Weltaneignung des zum „Menschen" gereiften Individuums."* (Hahl, Werner: Zur immanenten Theorie der Ästhetik des Erlebens in Gottfried Kellers *Der Grüne Heinrich* (erste Fassung 1854/55), in: Huber, Martin (Hg.): Bildung und Konfession. Politik, Religion und literarische Identitätsbildung 1850-1918, Tübingen 1996, S. 53-78, S. 53) Allerdings bleibt hier ferner zu bedenken, dass Keller selbst in seinem Roman davon spricht, nicht die Absicht zu haben, *„einen sogenannten Künstlerroman zu schreiben"* (Der Grüne Heinrich, S. 576,24)

5 So beispielsweise bei Hans Meier, der Kellers *Grünen Heinrich* als *„...autobiographischen Entwicklungsroman"* bezeichnet. (Meier, Hans: Gottfried Kellers „Grüner Heinrich". Betrachtungen zum Roman des poetischen Realismus (Zürcher Beiträge zur deutschen Literatur- und Geistesgeschichte, Bd. 46) Zürich 1977, S. 9)

6 Hier sei exemplarisch auf die Dissertation von Edda Enayat verwiesen (Enayat, Edda: Gottfried Keller: Der Grüne Heinrich. Versuch einer literaturpsychologischen Werkanalyse, Freiburg 1985, S. IX) Wobei hier zu bemerken ist, dass die rein autobiographische Deutung als zu einseitig erscheinen muss, auch wenn die Parallelen zu Kellers eigenem Leben unleugbar sind.

karriere des romantischen Protagonisten Franz Sternbald findet in Kellers *Grünem Heinrich* ihr entromantisiertes Gegenbild.

Das Interesse der vorliegenden Arbeit soll darin liegen, die Umsetzung einer ähnlichen Thematik[7] aus den Augen der Romantik einerseits und aus der realistischen Sichtweise Kellers andererseits zu erfassen und miteinander zu vergleichen. Was steht hinter den Romanhandlungen? Was trieb Keller, was Tieck zur Beschäftigung mit dem Künstler-Motiv? Wie viel „Selbst" der beiden Dichter liegt im Wesen ihrer Protagonisten und welcher Motive bedienen sie sich? Das fragmentarische Ende einer romantischen Künstler-Werdung bei Tieck steht dem *„cypressendunkeln Schlusse"*[8] einer gescheiterten Künstlerkarriere im Roman Kellers gegenüber. Tieck, der seinen „Helden" in die künstlerische Welt der Renaissance zurückversetzt, vermischt historische Figuren und Ereignisse des 16. Jahrhunderts mit dem Denken seiner Zeit, verbindet Fiktion mit Realem und erschafft romantische Projektionen und Wunschträume.[9] Keller bleibt in seiner Zeit, und verbindet die Romanhandlung mit Gesellschafts- und Kunstkritik der damaligen Realität.[10] Ferner sind die autobiographischen Bezüge nicht von der Hand zu weisen und bieten Raum für weit reichende Interpretationen. Die Aufgabe dieser Arbeit kann nicht in einer Gesamtinterpretation beider Romane liegen, vielmehr sollen die beiden Werke anhand ausgewählter Motive und Topoi in sich selbst betrachtet und kontrastiv gegeneinander gestellt werden. Wie ging der Romantiker Tieck, wie der „Realist"[11] Kel-

---

7 Hier die Thematik des Künstlerdaseins, die Entwicklung und das Leben des „suchenden" Protagonisten.

8 Keller, Gottfried: Autobiographisches, in: Gottfried Kellers nachgelassenen Schriften und Dichtungen, hg. v. Jakob Baechtold und Wilhelm Hertz, Berlin 1876, S. 7-22, S. 20.

9 Littlejohns, Richard: Der Rutsch in die Fiktion: Renaissancekunst und Renaissancekünstler in Tiecks „Franz Sternbalds Wanderungen", in: Romantik und Renaissance. Die Rezeption der italienischen Renaissance in der deutschen Romantik, hg. v. Silvio Vietta, Stuttgart 1994, S. 163-175, S. 174.

10 Bei Hans Meier heißt es zum Beispiel: *„Keller dichtet nicht, um das Schöne oder das Gute an sich zu preisen, sondern seine Werke wollen dem Leser ein zeitgerechtes Musterbild des Menschentums vor Augen halten."* (S. 9)

11 Auf die Problematik des Begriffs „Realismus" bzw. Keller als „Realist" weist ausführlich Karl Fehr hin. (Fehr, Karl: Der Realismus in der schweizerischen Literatur, München 1965, S. 5ff.) Gerade in Bezug auf Kellers Novellen entspinnt sich ein Konflikt zwischen realistischem Erzählen und Kellers Schöpfungen seiner dichterischen Phantasie. Es soll hier der Meinung Fehrs zugestimmt werden und der Begriff des Realismus im Wissen um jene Problematik verwendet werden.

ler mit der Darstellung des Weges zur Künstler-Werdung um? Welche Motivationen stehen hinter dem Aufbruch der Protagonisten, was ist ihr Ziel und wie enden ihre Wege? Schon die Ausgangspunkte beider Dichter sind verschiedene. Während Tieck seinen Roman in der Vorrede zu *Franz Sternbalds Wanderungen* als das *„liebste Kind [seiner] Muße und Phantasie"*[12] bezeichnet, schreibt Keller bereits ein Jahrzehnt vor der Entstehung seines *Grünen Heinrichs* über den Vorsatz, *„...einen traurigen kleinen Roman zu schreiben über den tragischen Abbruch einer jungen Künstlerlaufbahn, an welcher Mutter und Sohn zu Grunde gingen."*[13] Hier sprechen Autoren mit unterschiedlichen Biographien, zwei Dichter in zeitlicher Distanz von fast 50 Jahren.

Während sich Tieck in seinen späteren Lebensjahren zunehmend vom romantischen Gedankengut distanziert, so findet man andererseits in den ersten Texten Gottfried Kellers durchaus noch romantische Einschläge, die den Werken Tiecks verwandt scheinen.[14] John L. McHale datiert den erwachenden realistischen Sinn Kellers erst auf die Jahre nach seinen Münchner Erlebnissen und weist auf die Tagebucheinträge Kellers aus dem Jahre 1843 hin, die noch deutlich von einer *„düsteren Romantik"* zeugen.[15] Auch wenn Keller in seinen späteren Schriften immer wieder die Distanz zu romantischen Elementen betont, mag Ernst May Recht behalten, wenn er konstatiert, dass Keller *„selbst im Alter nicht ganz von ihr [der romantischen Sehnsucht] lassen kann."*[16] Beim *Grünen Heinrich* greift jene „romantische" Lebensbetrachtung nicht. Das

---

12 Hier und im Folgenden wird Tiecks Franz Sternbalds Wanderungen nach der Studienausgabe von Alfred Anger zitiert: Tieck, Ludwig: Franz Sternbalds Wanderungen (hg. v. Alfred Anger), Reclam Stuttgart, 1966, S. 9.

13 Keller, Gottfried: Autobiographisches, S. 18.

14 Dr. John L. Mc Hale weist beispielsweise daraufhin, dass Kellers Fragment gebliebene Erzählung „Die Reisetage" *„...motivlich, stilistisch und formal noch stark an Tieck"* erinnert. (McHale, John L.: Die Form der Novellen „Die Leute von Seldwyla" von Gottfried Keller und der „Schwarzwälder Dorfgeschichten" von Berthold Auerbach (Sprache und Dichtung, Neue Folge, Bd. 2), Bern 1957, S. 13)

15 McHale, S. 13.

16 May, Ernst: Gottfried Kellers Sinngedicht. Eine Interpretation, Bern 1969, S. 138. May weist ferner auf die Entwicklung Kellers hin, wenn es heißt: *„Da weicht die Revolutionsbegeisterung beim erzradikalen Poeten der vierziger Jahre dem Glauben an die Evolution; seine optimistische Haltung gegenüber Mensch und Vaterland schwächt sich ab;* ***das schwärmerische, ans Pantheistische grenzende Eintauchen in die Natur beim romantischen Jüngling*** *wird von erkennender und einfühlender Liebe zu ihr abgelöst; sein Glaube ans Transzendente wird zur Hingabe ans Erfaßbare..."* (May, S. 11)

sich weiter entwickelnde, „realistischer“ werdende Gedankengut Kellers tritt zunehmend in Kontrast zur Romantik in den Werken eines jungen Tieck und hier wird bereits deutlich, was auch in den beiden Romanen ganz offensichtlich ist: Der Umgang mit der Kunst und dem Künstlerdasein ist bei Tieck völlig anders als bei Keller, und so erscheinen beide Romane gerade in ihrer Unterschiedlichkeit als betrachtens- und vergleichenswert.

Die folgende Arbeit will versuchen, Antworten auf die hier aufgeworfene Fragen zu geben, indem die Realisierung verschiedener Motive, werkimmanent einerseits und vergleichend andererseits, betrachtet werden sollen. Biographische Bezüge sollen dort ihren Eingang finden, wo sie als adäquat und für die Interpretation hilfreich erscheinen.

II Der Weg zum Künstler - widrige Umstände vs. Romantisches Wandern

Beide Romane beginnen mit dem Aufbruch der Protagonisten in die Welt.[17] Sie verlassen ihre Heimat, um in der Ferne die Welt zu erfahren, ihre eigene Bestimmung zu finden und sich als Künstler weiterzuentwickeln.[18] So findet man bei beiden Werken am Beginn einen Menschen, der noch unvollkommen und auf der Suche nach der eigenen Bestimmung, das Gewohnte hinter sich lassen und sein Glück in der Fremde suchen will. Auf der einen Seite steht der *„zwanzigjährige Gefühlsmensch“* [19] Heinrich Lee, der *„…von der bisher nie verlassenen Heimath scheiden und in die Fremde, nach Deutschland ziehen“*[20] will. Ihm gegenüber trittt Franz Sternbald, ein junger Maler[21], der *„…Nürnberg, seine vaterländische Stadt [verlässt], um in der Fremde seine Kenntnis zu erweitern und nach einer mühseligen Wanderschaft dann als ein vollendeter Meister zurückzukehren.“*[22] Doch auch wenn die Motivationen der jungen Männer als ähnlich erscheinen, sind ihre Ausgangspositionen gänzlich verschieden. Was unterscheidet die Protagonisten voneinander? Was kennzeichnet ihren Weg und ist dieser von Erfolg gekrönt?

Das für Heinrich immer schwieriger werdende und aus finanziellen Gründen seine Existenz bedrohende Umherreisen, treibt ihn letztlich

---

17 Für die Interpretationen dieser Arbeit wird stets die erste Fassung des Grünen Heinrichs von 1854/55 herangezogen, da sie als die authentischere erscheint. In der zweiten Fassung von 1879/80 fehlt bekanntlich die Aufbruch-Episode, da hier die Handlung direkt mit der Jugendgeschichte einsetzt. Zitiert wird nach der Reclam Ausgabe: Keller, Gottfried: Der Grüne Heinrich. Nach der Fassung von 1854/55 (hg. v. Jörg Drews), Reclam Stuttgart 2003.

18 Hier sei bemerkt, dass dem unmittelbaren Auftritt des Protagonisten in Tiecks Werk, eine einführende Landschaftsbeschreibung der Schweitzer Ausgangsumgebung im *Grünen Heinrich* gegenüber steht. Karl Markus Michel beschreibt diesen Typus eines Romananfangs folgendermaßen: *„…panoramahaft wird zunächst eine Landschaft, eine Stadt oder ein bestimmtes Milieu vorgeführt, dann verengt sich der Blickwinkel, bis das Auge des Erzählers – auf der zweiten oder dritten Seite – wohlwollend auf einer einzelnen und einsamen Gestalt ruhen bleibt.“* (Michel, Karl Markus: Das Härlein an der Feder. Romananfänge aus der deutschen Trivialliteratur, in: Romananfänge. Versuch zu einer Poetik des Romans (hg. v. Norbert Miller), Berlin 1965, S. 206-272, S. 269)

19 Keller: Der Grüne Heinrich, S. 11,30.

20 Ebenda, S. 11, 31-32.

21 Tieck, Ludwig: Franz Sternbalds Wanderungen, S. 12,27.

22 Sternbald, S. 12,29-30 - 13,1-3.

zurück nach Hause, während bei Tieck die Problematik des Gelderwerbs weitgehend ausgeblendet wird und somit keinerlei Hindernis für die romantische Wanderschaft Sternbalds darstellt.Hier treffen zwei unterschiedliche Motive aufeinander: die widrigen Umstände der Reise eines Heinrich Lee und die romantische Wanderung des Franz Sternbald.

II.I Die Reise Heinrichs im *Grünen Heinrich* Gottfried Kellers

Als Heinrich seinen Weg in die Fremde antritt, scheint er noch nicht selbstständig und erwachsen zu sein. Während seine Mutter zu Hause die Reisevorbereitungen trifft, wirft er am Rande des heimischen Waldes einen *„...letzten Blick über sein schönes Heimathland...“*[23] und ergeht sich auf dem Nachhauseweg in Erinnerungen an seine Kindheit.[24] Diese Diskrepanz zwischen Aufbruch in die wirkliche Welt und Klammern an die Kindheit ist ein Motiv, das sich noch an mehreren Stellen in Kellers Werk wiederholen wird. Schon hier steht der Beginn der Reise in Kontrast zum Aufbruch des romantischen Sternbald, der in seinem ganzen Wesen und seinem bisherigen Lebensweg dem noch „grünen“ Heinrich um einiges voraus zu sein scheint. Die Ambivalenz der Gefühle Heinrichs zu Beginn seiner Reise bereitet bereits hier ein Mehrfaches vor: Zum einen den Wechsel in die Jugendgeschichte, die die Thematik einer verfehlten Erziehung impliziert und ferner deren Folgen für das weitere Geschick Heinrichs im Umgang mit dem „neuen“ Leben in der Fremde.[25]

1 Heinrichs Weg nach Deutschland: Aufbruch in die Welt oder „Wanderung“ in die Innerlichkeit?

Betrachtet man Weg und Reise des Heinrich Lee, so soll dabei über eine bloße Reisebeschreibung hinausgegangen werden. Heinrichs Weg ist nicht nur ein Weg in die Fremde, vielmehr auch ein Weg in sein Inneres. Ob dieser Weg als positiv beurteilt werden kann, bleibt zu bezweifeln, scheitert Heinrich ja nicht nur finanziell sondern versagt auch bei

23 Der Grüne Heinrich, S. 11, 33-34.

24 Auf Seite 14 heißt es charakteristisch: *„So spielte dieser Jüngling wie ein Kind mit der Natur und schien seine bevorstehende, für seine kleinen Verhältnisse bedeutungsvolle Abreise ganz zu vergessen...“* (S. 14, 28-30)

25 Rothenbühler, Daniel: Der Grüne Heinrich 1854/55. Gottfried Kellers Romankunst des „Unbekannt-bekannten“ (Zürcher Germanistische Studien, Bd. 56), Bern 2002, S. 118.

der Vervollkommnung seines Wesens, woran er letztendlich zugrunde geht. Seine existentielle Notlage gipfelt in der Rückkehr nach Hause und der plötzliche Tod des Protagonisten vernichtet jede letzte Hoffnung auf ein versöhnendes Ende.[26] Die Bindung an seine Heimat und die Beziehung zu seiner Mutter bleiben bis zum Schluss hemmende Kraft auf dem schwierigen Weg des jungen Mannes. Doch wie äußert sich diese durch ambivalente Gefühle geprägte Rückbindung Heinrichs an seine Wurzeln? Ist sein Weg nach Deutschland als Fortschritt zu sehen, oder muss man eher von einer Regression Heinrichs sprechen?

1.1 Aufbruch und Stagnation

Heinrich verlässt zu Beginn des Romans seine Heimatstadt Zürich, um, wenn möglich gleich seinem Vater, als „gemachter Mann" in dieselbe zurückkehren zu können. Steht der Aufbruch doch eigentlich als Zeichen für etwas Neues, für einen Anfang, für den ersten Schritt auf dem Weg zur eigenen Selbstfindung, so findet man dennoch gleich zu Beginn regressive Momente, die das vorbereiten, was für den jungen „Künstler" stets charakteristisch bleiben wird: die Rückbesinnung auf seine Heimat und die Flucht in die Innerlichkeit als Rückzugsmöglichkeit vor der Realität.

1.1.1 Wille zum Aufbruch vs. Unfähigkeit zur Trennung

In Heinrich vereinigen sich zwei Grundtendenzen: Zum einen der Wille zum Aufbruch, zu weitgreifender Bildung und zur Emanzipation, zum anderen die Unfähigkeit zur Trennung, zu zielgerichteter Tätigkeit und zur Selbständigkeit.[27] Der Wunsch des jungen Lee, zu einer Persönlichkeit wie sein Vater zu werden, verdichtet sich in der Sehnsucht nach Ferne und Welterleben.[28] Dennoch reflektiert er bereits in seinem ersten Auftreten über die „Kinderplätze" seiner Vergangenheit und spielt „*...wie ein Kind mit der Natur*"[29], so als wolle er ein letztes Mal die gewohnten kindlichen Erinnerungen aufrufen und für die Zukunft festhalten. Heinrichs Hin- und Herpendeln zwischen schillernder Au-

---

26 Anders natürlich in der zweiten Fassung, die den *cypressendunkeln Schlusse* aufhellt, in dem Keller Heinrich eine gesicherte Stelle zugesteht und ihm die aus Amerika zurückgekehrte Judith als Partnerin an die Seite stellt.

27 Rothenbühler, S. 118.

28 Zhang, Yun-Young: Verschwiegene und schweigende Individuen im realistischen Roman. Eine Untersuchung zum „Grünen Heinrich" und zur „Effi Briest" (Literatur in der Diskussion, Bd. 1) Pfaffenweiler 1996, S. 55.

29 Der Grüne Heinrich, S. 14, 28.

ßenwelt und ruhigem Zuhause, sein Wunsch nach Aufbruch und seine Bindung an die Heimat erschweren den Beginn der Reise.[30] Während er im einen Moment noch mit einem Fuß in seiner Kindheit zu stehen scheint, ist er im nächsten Augenblick *„mit seinen Gedanken schon in der Ferne"*[31] und von *„Neugierde, Hoffnung, Lebens- und Wanderlust"*[32] angetrieben ergreift ihn die Ungeduld zum Aufbruch.[33] Den Leser kann bereits zu Beginn des Romans ein erster Zweifel an der Möglichkeit des Erfolges der Reise Heinrichs ergreifen, der in der so augenscheinlichen Unselbständigkeit desselben seine Ursache finden mag und die sich im weiteren Handlungsverlauf immer wieder negativ auf die Entwicklung des „grünen Helden" auswirken wird. Erste „reifere" Gedanken über die allein zurückbleibende Mutter macht sich Heinrich als er sich von den Hausgenossen verabschiedet, und diese bittet, sich seiner Mutter anzunehmen.[34] Der schwere Abschied trübt seine Vorfreude auf das vor ihm liegende „Abenteuer", auch wenn die emotionale Bindung an seine Mutter und seine Heimat nicht explizit ausgesprochen wird, sondern für den Leser in Form kindlicher Reflexionen zunehmend an Gestalt gewinnt.[35]

Was hier als bloßer und für jeden Menschen natürlicher Trennungsschmerz aufgefasst werden könnte, findet aber im Folgenden keinen Abschluss, sondern wird vielmehr mit der Wiedergabe der Jugendgeschichte Heinrichs in noch gesteigerter Form fortgesetzt. Mit dem

---

30 Als Heinrich das letzte Mal vor seiner Abreise nach Hause zurückkehrt, *„fiel es ihm schwer aufs Herz, als er nun vor seinem düsteren Vaterhause stand und die Mutter ihm ungeduldig aus dem Fenster winkte."* (Der Grüne Heinrich, S. 14,31-33)

31 Der Grüne Heinrich, S. 20,1-2.

32 Ebenda, S. 20, 2-3.

33 Bemerkenswert erscheint in diesem Zusammenhang, dass Heinrich, trotz seiner Neugierde auf die Ferne, sogar als er schon im Wagen sitzt und ihm *jede „...kleinste Neuheit [...] das Nächste und Wichtigste"* (S. 22,15-17) war, dann die größte Freude empfindet, wenn er *„...an einem ihm unbekannten Ort ein bekanntes Gesicht vorübergleiten sah..."* (S. 23,1-2)

34 Vgl. Der Grüne Heinrich, S.18,25-26. Es mag hier auch zum ersten Mal das später so oft aufkeimende Verantwortungsgefühl gegenüber seiner Mutter zu erkennen sein.

35 Wie intensiv Heinrich in den letzten Stunden vor seinem Aufbruch die gewohnte Umgebung empfindet, wird auch beim letzten gemeinsamen Frühstück mit der Mutter offensichtlich, bei welchem Heinrich auf dem Stuhl sitzt, *„...auf welchem der dreijährige Knabe schon geschaukelt hatte"* (S. 19,4-5) und sein Blick auf jene Porzellantassen fällt, welche er *„...schon zwanzig Jahre lang durch die Hände seiner Mutter gehen sah..."* (S. 19, 9-10).

Aufenthalt im fremden Deutschland beginnt also nicht direkt, wie zu erwarten wäre, das „neue Leben" des jungen Lee, sondern der Leser wird abermals in die Reflexion Heinrichs miteinbezogen und findet sich mit einem Mal in die Vergangenheit des Protagonisten zurückversetzt.

1.1.2 Heinrichs Jugendgeschichte: Motivation oder Klammern an Vergangenes?

Mit der Einführung von Heinrichs Jugendbuch in den Romankontext wird eine Spannung deutlich, die für die Autobiographie selbst charakteristisch ist: Auf der einen Seite stehen Heinrichs Beteuerungen, das Jugendbuch dokumentiere den Abschluss der Kindheit und diene somit dem Fortschritt der persönlichen Entwicklung. Auf der anderen Seite gibt es Hinweise, die eher auf eine verborgene Regression des Autobiographen deuten, der sich mit Hilfe seiner Schrift aus der realen Gegenwart imaginär in die Kindheit flüchtet.[36] Es ist bezeichnend für den Weg Heinrichs, dass die Schilderungen seiner Reise mit einem Rückblick in die Vergangenheit beginnen. Der „Jüngling" Heinrich Lee praktiziert hier erneut, was er schon in seiner Kindheit tat, nämlich den Rückzug in die Innerlichkeit als Flucht vor der Außenwelt. Die Erwartungen an jenes Land[37], das er mit den großen Dichtern verbindet und *„dessen Namen ihn mit dunklen lockenden Erwartungen erfüllte"*[38] werden bald von ersten verwirrenden Erlebnissen in der Großstadt München neutralisiert,[39] und so scheint dem alleingelassenen Helden die einzige Lösung darin zu liegen, *„eiligst seine Herberge"*[40] aufzusuchen, wo er gleich am nächsten Tag seine Jugendgeschichte zur Hand nehmen wird.[41] Was dann hier in Form der Lektüre seiner Jugendgeschichte er-

---

36 Brenner, Anne: Leseräume. Untersuchungen zu Lektüreverfahren und -funktionen in Gottfried Kellers Roman „Der Grüne Heinrich" (Würzburger Wissenschaftliche Schriften, Reihe Literaturwissenschaft, Bd. 336) Würzburg 2000, S. 36.

37 Es sei hier bemerkt, dass Gottfried Keller selbst nur zweimal in seinem Leben für längere Zeit seine Heimat verließ und diese Zeit wie Heinrich in Deutschland verbrachte. 1840-42 in München, 1848-50 in Heidelberg und 1850-55 in Berlin. (Metz, Klaus-Dieter: Gottfried Keller, Stuttgart 1995, S. 12)

38 Der Grüne Heinrich, S. 35,13-14.

39 So beispielsweise die Szene, in welcher der „König" Heinrich die Mütze vom Kopf schlägt. (S. 53)

40 Grüner Heinrich, S. 53,18-19.

41 Hans Meier sieht die *„Vergegenwärtigung der Vergangenheit [...] bei Keller [als] ein Mittel, den Grundriß der eigenen Zukunft abzustecken."* (Meier, Hans: Gott-

folgt, wird noch oft, gerade in Bezug auf seine Malerei, eine Wiederholung finden. Den Anforderungen der realen Welt antwortet Heinrich mit einem Verharren in sich selbst, hier verwirklicht durch die Lektüre seiner Jugend - und Kindheitserlebnisse, später als „Künstler" in der Arbeit an seinen Bildern.

Es ist hier vorerst nicht Raum genug, die gesamte Jugendgeschichte genauer zu betrachten, wenngleich im Folgenden noch mehrfach auf diese Bezug genommen werden wird. Vielmehr steht sie zunächst als Zeichen des ambivalenten Anfangs der Reise Heinrichs, der sowohl als progressiver Aufbruch als auch als regressive Rückbesinnung gesehen werden muss.[42] Was er als Abschluss seiner Kindheit dokumentiert, muss zugleich auch immer als vergangenheitsorientierte Rückzugsmöglichkeit gesehen werden, was vielleicht schon zu Beginn des Romans auf das spätere Scheitern in der „wirklichen" Welt hinweisen mag.

2 Weg nach vorne - Weg zurück

Was für die Reise Heinrichs bezeichnend ist – ganz anders als bei Tiecks Sternbald – ist die materielle Seite, die für die gelingende Entwicklung in der Welt als Grundlage gegeben sein muss. Jene materielle Sicherheit bleibt Heinrich ob seines beruflichen Scheiterns versagt und führt ihn somit wieder zurück in seine Heimat[43]. Kreisförmig schließt sich dann die Geschichte, der Ausgangsort seiner Reise wird zu seiner letzten Station.[44]

---

fried Kellers „Grüner Heinrich". Betrachtungen zum Roman des poetischen Realismus, Zürich 1977, S.11)

42 Rothenbühler charakterisiert die Jugendgeschichte ferner als Abschluss des ersten Teils des Romans, der aus Abschieds-, Reise- und Jugendgeschichte besteht und in Abgrenzung zum zweiten Romanteil (Fortsetzung der Geschichte in der Fremde bis zur Rückkehr in die Heimat) deshalb als ein „Ganzes" gesehen werden kann, weil der Held hier durchweg vom „Naiven der Denkart" geprägt bleibt. (Rothenbühler, S. 219)

43 Erst als Heinrich seine Heimreise durch den Aufenthalt am Grafenschloss unterbricht, gelangt er zu einem kleinen „Vermögen". Allerdings kommt dieses zu spät und vermag nicht, den negativen Ausgang des Romans zu verhindern.

44 Eines von vielen Merkmalen dieser Kreisbewegung sieht Brenner verwirklicht, wenn zu Beginn des Romans vom *„träumerischen Ausruhen"* (S. 55,16) Heinrichs die Rede ist (gleichsam einer letzten Erholung vor dem Schritt ins neue Leben), und dieses im vorletzten Kapitel mit dem den Heimweg betreffenden Begriff *„Traumreise"* (S. 923, 18) eine Verbindung eingeht. (Brenner, S. 42)

2.1 Reisen unter widrigen Umständen - Gründe für die finanzielle Notlage

Was bereits in Bezug auf die Jugendgeschichte bezeichnend für Heinrich ist, findet seine Fortsetzung auch in der Beziehung des Helden zur Arbeit: Rückzug vor der Realität als Konsequenz des Ungenügens an derselben. Doch nicht nur die Arbeitsscheu des Protagonisten bringt ihn in seine missliche Lage, vielmehr betont der Erzähler gleich zu Beginn der Reise, die Verschwendungssucht Heinrichs[45], und kritisiert die unbedachte Freigebigkeit des Helden.[46] Heinrich kann nur deshalb so leichtfertig mit seinem Geld umgehen, weil er es nicht selbst verdient hat, sondern ihm schon seit jeher die Mutter *„den Löffel in die Hand gab."*[47] Doch nicht nur diese Verschwendungssucht Heinrichs wird ihn später in jene verhängnisvolle finanzielle Lage bringen, vielmehr lässt schon seine Entscheidung, Landschaftsmaler zu werden, eine problematische Zukunft vermuten.[48]

Was in jener dargestellten Problematik des Künstlerberufs immer mitschwingt, ist die subtile Kritik an dem neuen Umgang mit Kunst im 19. Jahrhundert überhaupt, jener *„art industriel"*[49], durch die *„die von*

---

45 So heißt es: *„Wäre er ein König dieser Welt gewesen, so hätte er vermutlich viele Millionen „verschleudert", so aber konnte er nichts vergeuden, als das Wenige, was er besaß: seines und seiner Mutter Leben."* (Grüner Heinrich, S. 25,9-12) Schon in diesem düster gezeichneten Zukunftsbild erkennt der Leser gleich zu Beginn einen Hinweis auf den „dunklen" Schluss.

46 Gabriele Stumpp unterscheidet im „Grünen Heinrich" zwischen drei Erzählern: ein kommentierender, der Stellung bezieht und Partei ergreift, der Ich-Erzähler der Jugendgeschichte und ein personaler, der ganz im Erzählfluss aufgeht (Stumpp, Gabriele: Müßige Helden. Studien zum Müßiggang in Tiecks „William Lovell", Goethes „Wilhelm Meisters Lehrjahre", Kellers „Grünem Heinrich" und Stifters „Nachsommer", Stuttgart 1992, S. 189. Zur Unterscheidung der Erzählfunktionen im Roman siehe auch Franz K. Stanzel: Theorie des Erzählens, Göttingen 1979.

47 Grüner Heinrich, S. 24,10.

48 Heinrich selbst erkennt sein berufliches Ungenügen, als er in der Tellfest-Episode seine Chancen bei Anna in Konkurrenz zu den *„stattlich blühende(n) Bursche mit einer behaglichen Zukunft"* (Der Grüne Heinrich, S. 424,36-425,1) gefährdet sieht. Er beschreibt seine Lage folgendermaßen: *„...ich war arm und hatte einen Beruf gewählt, der nicht nur mit ewiger Armuth verbunden war, [...] sondern überhaupt bei allen diesen Leuten nichts gelten konnte..."* (Ebenda, S. 425,1-5)

49 hier zitiert nach Maag, Georg: Kunst und Industrie im Zeitalter der ersten Weltausstellungen. Synchronische Analyse einer Epochenschwelle (Theorie und Geschichte der Literatur und der schönen Künste, Bd. 74), München 1986, S. 41.

ökonomischen Regeln geleitete zunehmende Überführung der Kunst in Massenfabrikation"[50] ausgeht, und die die Kunst an sich in Gefahr bringt.[51] Hier zeigt sich, was Kellers Werk ganz deutlich von Tiecks Roman unterscheidet: Der Realitätsbezug ist ein völlig anderer. Keller nimmt die Probleme seiner Zeit mit in die Handlung auf und macht sie mitunter zum Problem seines Helden. Da ein Bestehen in der wirklichen Welt nur mittels Arbeit gewährleistet sein kann, beschreibt der Roman die Möglichkeit eines Zwiespalts *„zwischen der Selbstverwirklichung des Individuums und dem Arbeitsleben"*[52].

Das gestörte Arbeitsverhältnis Heinrichs wird immer wieder deutlich, wenn er z.B. davon spricht, dass er sich *„nicht nach dem Geschäftsleben hingezogen"*[53] fühle oder *„jeden Gedanken an Tagelohn und kleine Industrie"*[54] verabscheue. Sein Wunsch, Künstler zu werden, mag großenteils aus solchen Abneigungen resultieren, schließlich soll sich der Künstler *„eher leidend und zusehend verhalten und die Dinge an sich vorüberziehen lassen als ihnen nachjagen."*[55] All jene Aspekte mögen das finanzielle Scheitern Heinrichs erklären, vor allem auch sein eher durchschnittliches Malertalent, das erst in harter Ausbildung Formen annimmt, und dennoch nie jenen Grad der Perfektion erreichen wird, der ihm seine Existenz sichern könnte.[56]

2.2 Leben am Existenzminimum - Heinrichs Ungenügen an der realen Welt

Sein Scheitern als Künstler ist somit der Anfang vom Ende, denn seine Fixierung auf diesen Beruf und der nicht adäquate Umgang mit demselben führt ihn in eine finanzielle Misere, die nicht nur ihn, sondern auch seine Mutter zugrunde richten wird.[57]

---

50 Zitiert nach Rohe, Wolfgang: Roman aus Diskursen. Gottfried Keller „Der Grüne Heinrich" (erste Fassung 1854/55), München 1993, S. 32.

51 Diese Problematik soll im letzten Kapitel über die Kunst noch einmal genauer aufgegriffen werden.

52 Stumpp, S. 155.

53 Der Grüne Heinrich, S. 230,34-35.

54 Ebenda, S. 331,9-10.

55 Ebenda, S. 476,20-22.

56 Auf seine falsch eingeschätzten eigenen Fähigkeiten und Möglichkeiten hinsichtlich seines Talents, weist auch Edda Enayat hin. (Enayat, S. 213)

57 Stumpp charakterisiert Heinrich folgendermaßen: *„...der Menschensohn [Heinrich] ... tritt als Phantast und Schmerzensmann mit seinem weltfremden, träumerisch-jenseitigen Müßiggang den Weg seiner Lebensvergeudung an."* (S. 156)

Für Heinrich, dem bis zu seinem Deutschlandaufenthalt *„Mühseligkeit und saurer Fleiß spanische Dörfer gewesen“*[58] waren und der am liebsten *„vom Morgen bis zum Abend in der Wildniß umher[streift], ohne etwas zu thun“*[59], wird sein Ungenügen an der realen Welt, sein „Versagen“ in seinem selbst auserwählten Beruf, zum Verhängnis. Schon in seinem zweiten Jahr in München lebt er nur noch von Schulden[60], ohne dass ihn diese prekäre Situation dazu bringt, sich auf sein *„armes Muttergut und den Mutterwitz der ökonomischen Bescheidenheit und Sparsamkeit“*[61] zu besinnen, vielmehr empfindet er diese Situation zunächst sogar als *„bequem“*[62].

Auch seine Neigung zur Verschwendung bleibt selbst in seiner finanziell kritischen Lage nicht außen vor; gezwungen seine Studienblätter, Skizzen und Zeichnungen weit unter Wert an einen Trödler zu verkaufen, ist Heinrich trotzdem *„froh, [...] das kärgliche Brot, welches die Welt ihm gewährte, verschwenderisch zu bezahlen, was nun [...] freilich nicht sehr demütig war.“*[63] Heinrich lernt das Gefühl wahren Hungers kennen und fürchten und wünscht häufig nichts mehr, als *„nur etwas zu essen und zu trinken“*[64] zu haben. Sein Heimweg, der als letzte Konsequenz seines Scheiterns unabwendbar erscheint, wird zum beschwerlichen „Müßiggang“ Heinrichs, und *„leibliche Noth, Schwäche, Hunger und Kälte“*[65] werden zum ständigen Begleiter. Sein Weg mündet für Heinrich in ein

58 Der Grüne Heinrich, S. 248,18-19.

59 Ebenda, S. 322,12-13.

60 Auch Keller selbst weiß, was es bedeutet Schulden zu machen, geht allerdings mit dem Gefühl des Schuldigseins weniger leichtfertig um, als Heinrich. In einem Brief an Hermann Hettner entschuldigt er sich für die zu lange nicht bezahlten Schulden: *„Ich habe vor 1,5 Jahren eine Summe von Ihnen geliehen und diese unglückliche That droht unser Verhältniß gänzlich zu Grunde zu richten. Ihren letzten Brief, worin sie mir mittheilten, daß Sie das Geld brauchten, habe ich ein Jahr lang unbeantwortet gelassen, weil ich mich schämte, einen leeren Brief zu schicken [...]“* (hier zitiert nach der Gottfried Keller Homepage, Keller an Hettner vom 16. Juli 1853, http://www.kellerbriefe.ch/briefe.htm, 2.06.2007)

61 Ebenda, S. 747,6-7.

62 Ebenda, S. 742,24.

63 Ebenda, S. 765,5-7. Ferner heißt es charakteristisch, dass *er „dessen ungeachtet mit dem wenigen Gelde [umging], als ob er ohne Sorge wäre.“* (Ebenda, S. 759,17-18)

64 Grüner Heinrich, S. 820,4-5. Auf seinem beschwerlichen Heimweg greift er im Wald gleich einem Wilden *„gierig mit den Händen [zwischen den Bäumen] im Dunkeln herum, ob nicht etwa ein Thier oder Vogel in dieselben gerathen möchte, was er würgen und braten könnte.“* (Ebenda, S. 820,7-9)

65 Ebenda, S. 831,6-7.

letztmaliges „Wiedererwachen" am Schloss des Grafen. Die Gefühle für Dortchen und das unerwartete Vermögen, das ihm durch den Grafen und das Erbe des Trödlers zukommt, scheinen ein letztes Mal seine Lebensgeister zu wecken. Doch da er das Leben der Mutter bereits durch sein eigenes Unvermögen ruiniert hat, scheint ihm eine letzte „Absolution" nicht gegönnt, und der weitere Weg zurück in die Heimat unumgänglich. Die kreisförmige Bewegung seiner Reise kann so als Zeichen seiner gescheiterten Entwicklung gesehen werden, nämlich einer Entwicklung zum gereiften, selbständigen Individuum einerseits, und damit einhergehend die Reifung zum erfolgreichen und anerkannten Künstler andererseits. Seine Reise bleibt ohne Ziel, wobei Ausgangs- und Endpunkt identisch sind und den Rahmen zu den Stationen des Heinrich Lee bilden, der wohl reifer wird, nicht aber vermag, in sich selbst „anzukommen" oder seine Reifung erfolgreich abzuschließen. Anders als Keller selbst[66], erreicht Heinrich nicht rechtzeitig die Einsicht seines eigenen Ungenügens am Künstlerberuf und muss deshalb zwangsläufig scheitern.[67]

II.II Romantische Wanderschaft bei Ludwig Tiecks *Franz Sternbald*

Im Gegensatz zu Kellers Roman, fügt sich die Wanderung Franz Sternbalds wie selbstverständlich in die Romanhandlung ein, vielmehr noch gibt sie Tiecks Roman den Titel und bildet als zentrales romantisches Motiv den Rahmen der Handlung.[68] Im *Sternbald* erscheint das Reisen nicht als ein zweckbestimmtes Reisen im klassischen Sinne[69], sondern

66 Keller hängte den Malerberuf zugunsten seiner Dichtertätigkeit an den Nagel. Ab 1861 sicherte ihm das Amt des ersten Züricher Staatsschreibers sein finanzielles Auskommen. (Nommensen, Ipke: Erläuterungen zu Gottfried Kellers *Der Grüne Heinrich*, Hollfeld, S. 9)

67 So natürlich nicht in der 2. Fassung, die Heinrich immerhin letztendlich eine gesicherte Stelle zugesteht.

68 Zum Motiv des Wanderns in der Romantik exemplarisch bei Lothar Pikulik: Romantik als Ungenügen an der Normalität. Am Beispiel Tiecks, Hoffmanns, Eichendorffs, Frankfurt a.M. 1979, oder zum Motiv „Wanderschaft" speziell bei Tieck exemplarisch bei Rosemarie Hellge: Motive und Motivstrukturen bei Ludwig Tieck (Göppinger Arbeiten zur Germanistik, Nr. 123), Göppingen 1974. So heißt es bei Pikulik: *„Wandern, Reisen, überhaupt Bewegung durch den Raum als Selbstzweck ist, wenn nicht durch die Romantik entdeckt, so doch durch sie populär geworden…"* (Pikulik, S. 391)

69 Hier verstanden als Reisen mit einem festen Ortsziel, als Reise die nur unternommen wird, um irgendwo anzukommen. Sicher kann Italien als ein solches Ziel Sternbalds angenommen werden, andererseits muss die Wan-

ist Zweck in sich selbst.[70] Zwar beginnt Sternbald seine Reise mit dem Ziel, die Werke der großen Meister zu studieren und von ihnen zu lernen, wobei hier als vornehmliches Ziel seiner Reise Italien angeführt wird. Trotzdem vergisst er während mehrfacher Verzögerungen seiner Weiterreise nach Italien seinen *„Zweck fast ganz und gar“*[71]. Ferner ist die Ausgangssituation Sternbalds eine vollkommen andere als bei Heinrich Lee. Sternbald scheint in seiner Entwicklung schon weit selbständiger zu sein als sein „realistischer Künstlerkollege“. Dennoch steht auch ihm die vollendete Künstlerwerdung noch bevor, wenngleich sie aufgrund des fragmentarischen Schlusses zu keinem Abschluss kommen wird. Sternbald lebt zwar schon viel mehr als Heinrich ein Leben im Sinne der Kunst, indem er tatsächlich schon eine Ausbildung zum Künstler verfolgt, dennoch erscheint sein Aufbruch in die Ferne als notwendig, um den zu bürgerlichen Zügen seines Lebens zu „entfliehen“.

1 Aufbruch als Ausdruck romantischer Sehnsucht

Die Reise Sternbalds[72] ist schon seit langem geplant und ihr Anfang bildet auch den Anfang in Tiecks Roman. Der ihr zugrunde liegende romantische Sehnsuchtsgedanke schickt Franz auf seine *„kunstfromme Pilgerschaft“*[73], die ihm schon *„immer als sein höchstes Glück“*[74] erschienen war und die für ihn, der mit seinem noch kindlich reinen Gemüt als typischer „Vertreter“ romantischer Künstlerschaft stehen kann, unumgänglich ist.

---

derung Sternbalds vielmehr für sich selbst stehen. Sie wird um des Reisens willen unternommen und muss hier als Selbstzweck gesehen werden.

70 Hier kann exemplarisch Friedrich Nicolais *Beschreibung einer Reise durch Deutschland und die Schweiz, im Jahre 1781* als dem entgegen gesetzte Auffassung des Reisens aufgeführt werden, die noch ganz deutlich von aufgeklärtem Nützlichkeitsdenken geprägt ist. (Nicolai, Friedrich: Beschreibung einer Reise durch Deutschland und die Schweiz, im Jahre 1781, Bd. I, Berlin 1788)

71 Franz Sternbald, S. 322,10.

72 Auch Tieck unternahm als Student mit seinem Freund Wackenroder verschiedene Reisen. *„Harz und Fichtelgebirge und auch die reiche fränkische Kulturlandschaft war den beiden Berlinern eine Quelle von Offenbarungen geworden.“* (Minder Robert: Ludwig Tieck ein Poträt, in: Segebrecht, Wulf: Ludwig Tieck (Wege der Forschung, Bd. 386), Darmstadt 1976, S. 266-279, S. 267)

73 Hellge, S. 165.

74 Sternbald, S. 14,11-12.

1.1 Ambivalenter Abschied – Trennungsschmerz vs. Vorfreude

Auch wenn bei Franz, anders als bei Heinrich Lee, mit der Abreise keine Loslösung vom Elternhaus einhergeht, muss auch Sternbald sich von seiner gewohnten Umgebung verabschieden und die geliebten Menschen zurücklassen. Allerdings ist der hier dargestellte Trennungsschmerz weit emotionaler als die „kühle" Abschiedsszene im *Grünen Heinrich.*[75] Sternbalds Freund Sebastian begleitet ihn auf den letzten Schritten aus der Stadt hinaus und beide fühlen *„stillschweigend den Druck des Abschieds"*[76], der sich *„mit lautem Schluchzen"*[77] und *„tausend Tränen"*[78] Luft verschafft. Doch nicht nur Sebastian muss Sternbald verlassen, auch seinen so hoch verehrten Meister Dürer muss er zurücklassen, von dem er seinem Empfinden nach *„nicht zärtlich genug Abschied genommen hatte."*[79]

Allerdings wird er beide Freunde nur räumlich verlassen. In Briefen und Gedanken wird er während seiner gesamten Wanderschaft mit seiner Heimatstadt Nürnberg verbunden bleiben. Seine Reise, *„wie sehr sie Franz [auch] gewünscht"*[80], muss ihm den Aufbruch doch zunächst erschweren, da ihn der so lange ersehnte Augenblick im Zeichen des Abschieds plötzlich schaudern lässt, *„als wenn er die Hand des Todes fasste."*[81] Was für Heinrich Lee den Aufbruch erschwert, nämlich der Weg in die Fremde und die Furcht vor der realen Welt in Abgrenzung zur behüteten Kindheit, findet bei Sternbald keine Entsprechung. Ihn ruft die Fremde förmlich zu sich[82], und schon zu Beginn des zweiten Kapitels heißt es, dass *„er jetzt über die Abwesenheit seines Freundes*

75 Während Heinrich sich „nur" von seiner Mutter und den Hausmitbewohnern verabschieden muss hat Franz diesem die Trennung vom Elternhaus schon voraus und in der engen Verbindung mit Sebastian und Dürer auch schon mehr Erfahrung in emotionalen Bindungen.

76 Sternbald, S. 13,10-11.

77 Ebenda, S. 13,31.

78 Ebenda, S. 13,32.

79 Ebenda, S. 16,19-20.

80 Ebenda, S. 14,10-11. Er bezeichnet seine Wanderung als *„Glück"* (S. 14,12), und im Gedenken an seine Zukunft dachte er schon viele Male: *„...es soll eine Zeit geben können, sie naht sich, in der du nicht mehr vor der alten Staffelei sitzest, [...] wo du in all die Herrlichkeit hineinleben darfst und immer mehr sehn, ‚mehr erfahren, nie aufwachen, wie es dir jetzt wohl geschieht, wenn du so zuzeiten von Italien träumst..."* (S. 15,2-8)

81 Ebenda, S. 14,20.

82 Sternbald sagt es explizit: *„Tausend Stimmen rufen mir herzstärkend aus der Ferne zu."* (Sternbald, S. 54,22-23)

getröstet"[83] war. Gerade sein kindlich reines Gemüt prädestiniert ihn für die romantische Wanderung[84], die vor ihm liegt[85] und lässt ihn mit der Neugier auf das Unbekannte den Trennungsschmerz leichter überwinden.

1.2 Magische Ferne und Realität des Bekannten als Pole romantischer Wanderschaft

Die Fähigkeit Sternbalds, seine Kindlichkeit zu bewahren[86] und der für Tieck so typische und oft beschriebene *„Sentimentalismus [der] Kindheitsreflexionen"*[87], der auch bei Sternbald zu finden ist, machen Franz einmal mehr zum „Prototyp" des romantischen Wanderers. Franz steht am Ende seiner Jugendzeit und verspürt - hier eng verbunden mit dem romantischen Sehnsuchtsgefühl - die Notwendigkeit, die Schwelle zu einem neuen Lebensabschnitt zu überschreiten.[88] Dieser neue Abschnitt führt ihn von seiner Heimat Nürnberg über die Niederlande bis nach Italien, wobei seine Reise nicht mit einer *„geographisch differenzierten Landschaftsdarstellung"*[89] einhergeht, sondern im Sinne eines

83 Ebenda, S. 21,15-16.

84 Christoph Brecht sieht die Sternbaldsche Wanderung als *„eine Reihe hermeneutischer Akte strukturiert, in der Kunst, Poesie und Musik zwischen Subjekt und Natur vermitteln. Denn zwischen beiden ist kein Verhältnis unmittelbarer Identifikation oder mimetischer Abbildung möglich..."* (Brecht, Christoph: Die gefährliche Rede. Sprachreflexion und Erzählstruktur in der Prosa Ludwig Tiecks, Tübingen 1993, S. 93.

85 Rosemarie Hellge nennt die Kindheit als eines von drei Motiven, die den Charakter dieser Wanderung ausmachen. Neben der Kindheit nennt sie, noch das Künstler-Sein und die Liebe als prägende Motive. (Hellge, S. 165/166)

86 Tieck selbst bezeichnet Sternbald als *„erwachsenes Kind"* bzw. *„kindische[n] Erwachsene[n]"* (Sternbald, S. 63,18-19)

87 Ewers, Hans-Heino: Kindheit als poetische Daseinsform. Studien zur Entstehung der romantischen Kindheitsutopie im 18. Jahrhundert. Herder, Jean Paul, Novalis und Tieck, München 1989, S. 203. Hier kann erwähnt werden, dass die Reflexionen in die Vergangenheit hier nicht einer Komplettierung der Lebensgeschichte des Helden dienen. Die Rückblicke auf die ersten Lebensabschnitte *„sollen hier nur die allgemeine Beschaffenheit und Wesenseigentümlichkeit der kindlichen und jugendlichen Daseinsform des Menschen hervortreten lassen."* (Ewers, S. 204)

88 Auch William Lovell überschreitet beispielsweise diese Schwelle, nur mit dem Unterschied, dass jener relativ schnell seine kindlichen Züge verliert, ebenso wie die Eigenschaften, die ihn als noch enthusiastischen Jugendlichen auszeichneten.

89 Garmann, Gerburg: Die Traumlandschaften Ludwig Tiecks. Traumreise und Individuationsprozeß aus romantischer Perspektive, Opladen 1989, S. 80.

„subjektiven und träumerischen Erlebens der Landschaft"[90] steht. Verbunden mit dem Wunsch nach eigener künstlerischer Aus- und Weiterbildung wird die Reise an sich zum Ziel eines romantischen Unendlichkeitserlebnisses, sie selbst wird zur „Nahrung" für den unstillbaren Sehnsuchtsgedanken. Ein bürgerliches Leben an nur einem Ort ist für Franz unvorstellbar.[91] Das ferne, ersehnte Wunderbare und die Normalität des Nahen und Bekannten gelten hier als Pole der romantischen Wanderschaft.

Was an Vertrautem zurückgelassen wird, verliert nicht die Zuneigung des Reisenden, dennoch kann ihm dieses Bekannte nicht genügen. Durch immer währende Suche nach dem Fernen[92] und nach einer Erfüllung der Sehnsucht erhält die Wanderung ihre dynamische Motivation. Auch bei Sternbald findet man dieses Motiv der Ferne. Um einen etwas konkreteren Ansatz zu seiner Reisemotivation finden zu können, soll der allgemeine Begriff der räumlichen wie auch seelisch-geistigen Ferne, die Franz auf seine Wanderung führt, hier anhand zweier Motivationen kurz exemplarisch konkretisiert werden: Italien als räumliches Ziel seiner Reise und die Liebe als treibende Kraft.

2 Die „Ziele" seiner Reise

Steht die romantische Reise Sternbalds ganz im Zeichen einer *„süßen Wanderlust"*[93] und des Glückes, die Heimat zu verlassen, so kann man neben dem „Fernweh" und der Sehnsucht nach etwas Neuem, auch konkreter motivierte Ziele Sternbalds erkennen. Was also ist das Ziel seiner Reise und was ist die treibende Kraft auf seinem langen Weg?

2.1 Italien - das Land der Künste

Beschäftigt man sich mit dem Helden in Tiecks Künstlerroman, so wird sehr schnell eines offensichtlich: Sternbalds Liebe zur Kunst und damit eng verbunden seine Liebe zum Land Italien. Franz zieht durchaus nicht vollkommen „planlos" in die Welt, vielmehr will er *„seine ei-*

---

90 Ebenda.

91 Vgl. hierzu die Szene, als Franz seiner Mutter den Wunsch abschlägt, an Stelle seines Vaters an der Seite seiner Mutter zu bleiben, dort zu leben und zu arbeiten. Diese heimische Sicherheit scheint kein erstrebenswertes Ziel für Franz, denn er *„mag [...] keines ruhigen Lebens genießen"* und *„jeder Gedanke, jeder Pulsschlag treibt [ihn] vorwärts"* (Sternbald, S. 54,21/26-27)

92 Pikulik beispielsweise definiert die Ferne als Gegensatz zur Nähe und somit als Alternative zum Gewöhnlichen. (Pikulik, S. 362)

93 Hellge, S. 166

gene Kunstfertigkeit in Auseinandersetzung mit früherer Meisterschaft der Kunst"[94] ausbilden, und hält Italien für das Land, in welchem es ihm vergönnt sei, *„alle die Meister wirklich zu sehen"*[95], die er so sehr bewundert, aber von denen er bisher *„nur die Namen gehört"*[96] habe. Italien[97] als Verkörperung vollkommenen Künstlertums wird vornehmliches Ziel der Wanderung, und bleibt stets fixierter Endpunkt, auch wenn verschiedene „Nebengeschehnisse" ihn auf seinem Weg immer wieder aufhalten. In Florenz kommt Franz erstmals in Kontakt mit dem „beschwingt-lustvollen" Künstlerdasein des Südens und genießt die dionysischen Feierlichkeiten[98] in der Gesellschaft seiner Künstlerfreunde. Als Franz dann mit Castellani und Lenore in Rom ankommt, sieht er sich vor der Erfüllung seiner Wünsche. Er besucht die Kirchen und Gemäldesammlungen und gibt sich dabei Mühe, *„mit jedem Tage in seinen Begriffen weiterzukommen und in das eigentliche Wesen und die Natur der Kunst einzudringen."*[99] Mit der Ankunft in Rom ist das so lange ersehnte Ziel, die Stadt der Vorbilder Sternbalds, erreicht und hier, im Land seiner Träume[100], wird er auch das zweite große „Ziel" seiner Reise und seiner Sehnsucht finden: die unbekannte Geliebte.

2.2 Die Liebe als treibende Kraft

Marie, die schöne Unbekannte[101], die Sternbald aus seiner Kindheit erinnert und die er nun, getrieben von einer unstillbaren Sehnsucht,

---

94 Garmann, S. 73.

95 Sternbald, S. 54,16.

96 Ebenda, S. 54,18.

97 Tieck selbst reiste, unter Gicht leidend, 1805/06 nach Rom, wo er in verschiedenen Gesellschafts- und Künstlerkreisen verkehrte. Seine Reiseeindrücke, vor allem vom Leben des Volkes und den Kunstschätzen Italiens sind in den *„Reisegedichten eines Kranken"* und *„Rückkehr des Genesenden"* festgehalten. (Paulin, S. 67)

98 So konstatiert Andrea gegenüber Sternbald: *„Seht, mein Freund Sternbald, so müßt ihr Deutsche erst nach Italien kommen, um zu lernen, was schön sei, hier erst offenbart sich Euch Natur und Kunst."* (Sternbald, S. 389,11-14.

99 Sternbald, S. 392,18-20. Weiter heißt es: *„Er besuchte die Gesellschaften fleißig und bestrebte sich, kein Wort, nichts, was er dort lernte, wieder zu verlieren."* (Ebenda, S 392,23-25)

100 Noch zu Beginn des Romans heißt es: *„...es soll eine Zeit geben können [...], wo du in all die Herrlichkeit hineinleben darfst und immer mehr sehen, mehr erfahren, nie aufwachen, wie es dir jetzt wohl geschieht, wenn du so zuzeiten von Italien träumst."* (Ebenda, S. 15,2-8)

101 Auf die Person Maries soll im Kapitel zu den Frauen im *Sternbald* noch genauer eingegangen werden.

sucht, ist *„allegorische Zentralfigur"*[102] in Tiecks Roman. Alles bezieht sich auf die Geliebte und in rastlosem Suchen wird sie zum Sehnsuchtsziel des Wanderers Sternbald, der dem vagen Bild, das er von ihr in seinen Gedanken trägt, hinterher- bzw. entgegenreist. Mit dem vermeintlichen Tod Maries muss diese Motivation natürlicherweise an Kraft verlieren, dennoch vollendet Franz seinen Weg ins „Traumland" Italien, und wird hier für alles Leiden und allen Schmerz, den er um seiner Geliebten willen erdulden musste, entschädigt. In Rom findet er seine schon verloren geglaubte Marie, die als Endpunkt der romantischen Wanderung Sternbalds einen vorläufigen Schlusspunkt unter seine Reise setzt. Bedenkt man allerdings erneut das Sehnsuchtsmotiv eines romantischen Wanderers, so bleibt die Frage nach einem überhaupt möglichen Ende seines Weges. Muss nicht in dem Moment, in welchem Sternbald die Ziele seiner Träume und Sehnsüchte erreicht und findet (hier Italien und Marie), im gleichen Moment eine Leere in ihm entstehen? Die Sehnsucht kann ihren motivierenden Wert nur dann behalten, wenn sie unerfüllt bleibt.[103] Verliert also Sternbald so ein Stück seines Wesens und endet seine Reise dann damit, dass er sich die vorher so strikt abgelehnte Sesshaftigkeit doch noch zu eigen macht? Da Tiecks Roman Fragment geblieben ist[104], muss diese Frage offen bleiben und der Schluss als vorläufiges „Happy End" stehen bleiben.

Keller und Tieck schicken ihre Protagonisten also auf zwei vollkommen unterschiedliche Reisen. Während Heinrich Lee eine erfolgreiche Ausbildung zum Künstler sowie eine erfüllte Liebe versagt bleiben, bleibt

---

102 Brecht, Christoph: Die gefährliche Rede. Sprachreflexion und Erzählstruktur in der Prosa Ludwig Tiecks (Studien zur deutschen Literatur, Bd. 126), Tübingen 1993, S. 80. Hans Geulen meint in ihr figuriere sich das Telos, *„Vergangenheit in Zukunft wieder zu ermöglichen"*, womit sie als auslösende und treibende Kraft für Sternbalds Reise zugleich gelten kann. (Geulen, Hans: Zeit und Allegorie Erzählvorgang von Ludwig Tiecks Roman „Franz Sternbalds Wanderungen", in: GRM NF 18, 1968, S281-298, S, 285).

103 Zur „Unersättlichkeit" des Menschen in Bezug auf immer wieder neue Genüsse schrieb Tieck 1793 an Ferdinand Bernhardi: *„…er [der Mensch] durchreist die Welt, alle seine Sinne streben gleichsam das All der Schönheiten zu verschlingen, und kaum ist es genossen, so dürstet er schon nach neuem Genuß, weil der vorige schon auf ewig verschwunden ist."* (Tieck an Ferdinand Bernhardi und Sophie Tieck, Ende Juli/Anfang August 1793, in: Vietta, Silvio/Littlejohns Richard (Hg.): Wilhelm Heinrich Wackenroder. Sämtliche Werke und Briefe, Heidelberg 1991, S. 253).

104 Vielleicht bleibt Tiecks Werk als typisch romantischer Roman auch aufgrund solcher Problematiken notwendigerweise Fragment.

zwar auch bei Sternbald eine vollkommene Künstlerwerdung aus, allerdings nicht nur, ob seines Ungenügens, sondern vielmehr auch als Folge des offenen Schlusses. Dennoch bleibt somit bei Franz die Chance auf künstlerische Verwirklichung gegeben, während Heinrichs Tod jede positive Zukunftshoffnung ausschließen muss. Kämpft Heinrich mit finanziellen und existentiellen Problemen und manifestiert sich in der Kreisbewegung seiner Reise zugleich seine fehlgeschlagene Entwicklung, so erreicht Franz seine Ziele, die anders als bei Heinrich ihre hauptsächliche Motivation aus romantischer Sehnsucht, Kunstinteresse und Liebe beziehen. Die Reise ist bei Tieck viel mehr Selbstzweck als in Kellers Roman. Die romantische Idee vom Wandern um des Wanderns willen steht im Kontrast zu Heinrichs Reise nach Deutschland, die ihn zwar über die Grenzen seines Heimatlandes führt, aber hier auch ihr vorläufiges Ende nimmt. Seine tatsächliche Wanderung setzt sich dann erst wieder in seiner Heimreise fort, die er unter höchst widrigen Umständen bestreiten muss. Sternbalds Reise führt ihn nach vorne und in die Erfüllung seiner Träume. Heinrich zieht erst in die Ferne, nur um dann als gescheiterter Künstler wieder nach Hause zurückzukehren. Was Tieck seinem Helden zugesteht, bleibt Kellers Grünem Heinrich verwehrt. Sternbalds romantische Wanderschaft führt ihn an sein Ziel und kann somit als „erfolgreich" angesehen werden, bei Heinrich wird der Ausgangspunkt auch wieder zum Endpunkt seiner Reise und impliziert damit das Scheitern des Helden.

Überhaupt kann Sternbalds Wanderung viel eher als eine solche gesehen werden, als Heinrichs Reise von der Schweiz nach Deutschland. Heinrich betritt deutschen Boden und wird ihn für mehrere Jahre nicht mehr verlassen, während Sternbald tatsächlich „wandert", von Nürnberg über die Niederlande bis nach Italien. Sternbalds Weg führt ihn durch verschiedene Länder und er erreicht mit Italien letztendlich jenes Ziel, das von Beginn seiner Wanderung an als letzte Station gedacht war, während Heinrichs Auszug in die Welt mit der notwendigen Heimreise enden muss.

III Die Bedeutung der Eltern - Ambivalente Abhängigkeit vs. Ungewissheit

Um die Problematik des Heinrich Lee besser zu verstehen empfiehlt es sich, seine Elternbindung und die Beziehung zu Vater und Mutter genauer zu untersuchen.

Für Tiecks Roman scheint die Bedeutung der Eltern keine so große Rolle zu spielen, dennoch bleibt die unvermittelt auftretende „Elternlosigkeit" Sternbalds ein rätselhaftes Motiv, das zu keiner Auflösung kommt und den Leser somit immer wieder zu neuen Spekulationen anregt. Die Forschungsliteratur zu Kellers *Grünem Heinrich* betont seit jeher die starke Bindung Heinrichs an seine Mutter, die aus seiner vaterlosen Jugend resultiere.[105] Mutter und Vater Heinrichs prädestinieren sein Schicksal maßgeblich. Sein Leben ist, so wie es verläuft, nur aus der familiären Situation Heinrichs heraus verständlich. Weniger maßgebenden Einfluss scheinen Sternbalds Eltern auf sein Wesen und seinen Lebensweg zu haben. Vielmehr werden Vater und Mutter relativ bald als seine Stiefeltern ausgemacht und mit ihren gewöhnlichen, der Kunst fremden Lebensverhältnissen, als Gegenbild zum romantisch-rastlosen Sternbald gezeichnet. Der Leser wünscht sich, mehr über Sternbalds leibliche Eltern zu erfahren, wird aber bis zum Schluss immer wieder mit nur rudimentären Informationen über Franzens Vater vertröstet, womit bis zum Ende eine gewisse Spannung aufrecht erhalten wird. Ferner lohnt es sich, in Bezug auf die emotionale Bindung an die Heimat, Sternbalds „Zweitfamilie", seinen Meister Albrecht Dürer und seinen brüderlichen Freund Sebastian genauer zu betrachten, da sie, gleichsam Heinrichs Mutter, den Rückbezugspunkt zur Heimat darstellen. Die Vaterlosigkeit, die bei Heinrich prägend für das ganze spätere Leben ist, wird bei Tieck in einem verklärt gezeichneten Bild

105 Als frühes Beispiel sei hier die begeisterte Aussage von Kellers Freund Wilhelm Schulz zitiert: *„Der grüne Heinrich und seine Mutter sind in Leben und Liebe so fest ineinander gewachsen, daß es der Sohn gerade im Gefühl der Sicherheit des unauflöslich scheinenden Verhältnisses umsoeher versäumt, seine Liebe auch noch in besondern äußeren Zeichen erkennen zu lassen…Noch nie ist ein Gedicht der Liebe zwischen Mutter und Sohn gedichtet worden, so einfach und innig, so wahr und schön!"* (Schulz, Wilhelm: Offener Brief an den Verfasser des Romans „Der Grüne Heinrich", in: Blätter für literarische Unterhaltung, Nr. 37, 1855) Adolf Muschg bezeichnet Kellers Roman mehr als 120 später als *„Kapitale Mutter-Sohn-Geschichte"* und betont die *„einzigartige Exklusivität des Mutter-Sohn-Verhältnisses"*. (Muschg, Adolf: Gottfried Keller, München 1980, S. 68/69)

des leiblichen Vaters Sternbalds relativiert. Dieser wird, ohne explizit als Sternbalds Vater[106] genannt zu werden, dem Leser in kurzen Erzählungen näher gebracht und lässt erahnen, woher Sternbalds Liebe zur Kunst stammt.

Welche familiären Situationen liegen also der Entwicklung der beiden „Helden" zugrunde? Gibt es Gemeinsamkeiten oder kann Sternbald als der vom Elternhaus Unabhängigere gesehen werden?

III.I Ambivalente Familienbindung beim *Grünen Heinrich*

Um Heinrichs Entwicklung und seinen Werdegang zu verstehen, muss beides betrachtet werden: das Verhältnis zur Mutter ebenso wie die indirekten Einflüsse des verstorbenen Vaters.[107] Beide Beziehungen können als potentiell konfliktgeladene Ausgangsituationen gesehen werden, und Mutter und Vater Lee müssen als Heinrich wesentlich prägende Figuren in die Betrachtungen mit aufgenommen werden. Dank der in die Romanhandlung eingefügten Jugendgeschichte Heinrichs, wird dem Leser die familiäre Situation deutlich vor Augen geführt. Die Ambivalenz der Elternbindung wird hier augenscheinlich, wenn die Vaterfigur einerseits als imaginäres Ideal sowie als für Heinrichs Leben maßgebende und „bedrohliche" Instanz andererseits dargestellt wird und die Mutterbeziehung von innig liebevoll bis nüchtern distanziert charakterisiert wird.

1 Mutterbindung

Die real existierende Mutter Heinrichs wird zum Gegenbild des verstorbenen Vaters. Ohne den starken Arm und die finanzielle Unter-

---

106 Allerdings wird die optische Ähnlichkeit zwischen Franz und dem alten Mann (Sternbalds Vater) aus Roderigos Geschichte explizit erwähnt: „*... Er[der alte Mann] fiel mir nur dabei ein, weil seine Geschichte recht sonderbar ist und weil der junge Maler dort ihm auf eine wunderbare Weise ähnlich sieht...*" (Sternbald, S. 215,27-30)

107 Wenn man die Familienverhältnisse Heinrichs betrachtet, so entdeckt man deutlich die Parallelen zu Kellers eigener Person. Im Alter von fünf Jahren den Vater verloren, lebte Keller von da an mit Mutter und Schwester und litt lange Zeit unter einer „*nicht zu bewältigende[n] Verantwortung für Mutter und Schwester.*" (Metz, Gottfried Keller, S. 15) Die Themen des Vaterverlusts in der Kindheit sowie der Dominanz von Müttern und Mutter-Sohn-Verhhältnissen finden sich in zahlreichen Werken Kellers dichterisch umgesetzt. (Neben dem *Grünen Heinrich* auch in *Pankraz der Schmoller*, *Frau Regel Amrain* oder auch noch im *Martin Salander*)

stützung ihres Mannes, muss eine Problematik entstehen, die für Heinrich Wesens prägend werden wird. Introvertiertheit und Rückzug vor der Außenwelt kennzeichnen als Folge jener Vaterlosigkeit das Leben Heinrichs. Der Tod des angesehenen und geschäftigen Rudolf Lee bringt die kleine Familie zwangsläufig in eine weitgehende gesellschaftliche Isolation, die für den kleinen Heinrich einerseits eine wohltuende Geborgenheit, andererseits mangelnde Berührung mit dem gesellschaftlichen Leben bedeutet.[108] Unter Berücksichtigung jener familiären Situation fällt es leichter, den Weg des „grünen Heinrichs" in seiner Unzulänglichkeit nachzuvollziehen und seine Probleme mit dem „richtigen" Leben erscheinen verständlicher.

1.1 Das schwere Erbe der Frau Lee

Nach dem frühen Tod Rudolf Lees liegt die Erziehung des Sohnes allein in den Händen seiner Frau, wodurch sie gezwungen wird, auch männliche Aufgaben zu übernehmen. So muss sie sich beispielsweise mit den Berufsplänen ihres Sohnes beschäftigen oder *„die Vermittlung der ökonomischen, sozialen, historischen, kulturellen und geistigen Bezugssysteme"*[109] übernehmen, wenngleich sie diesen Verpflichtungen aufgrund ihrer *„weiblichen Unkenntnis der Welt"*[110] nicht gerecht werden kann.[111] Sie vermag es nicht, ihrem Sohn ein für jede Erziehung *„unerlässliche[s] Vorbild des Mentors zu geben."*[112]

Auf die innige Beziehung zwischen Mutter und Sohn im ersten Lebensjahr Heinrichs[113] folgt eine schleichende Distanzierung, die spä-

---

108 Yun-Young Zhang bezeichnet die so entstandene Familiensituation der Lees als *„eine Dichotomie von Ideal und Wirklichkeit einer Kleinfamilie."* (Zhang, S. 54)

109 Peter Landolf führt hier diese Auflistung als Beispiel für die gängige Charakterisierung des Vaters an, wobei natürlich zu bedenken bleibt, dass jene Charakterisierung fast 40 Jahre später keine Allgemeingültigkeit mehr besitzen kann. (Landolf, Peter: Kind ohne Vater. Ein psychologischer Beitrag zur Bestimmung der Vaterrolle, Bern 1968, S. 20)

110 Der Grüne Heinrich, S. 172,23.

111 Hier schwingt ganz deutlich das damalige Verständnis der Rollenverteilung von Mann und Frau mit, welches Keller aber nicht nur übernimmt, sondern in seiner überspitzten Darstellung auch kritisiert.

112 Kessel, Ruth M.: Sprechen - Schreiben - Schweigen. Mutterbindung und Vaterimago des grünen Heinrich im Spiegel seines kommunikativen Verhaltens (Europäische Hochschulschriften, Reihe 1, Deutsche Sprache und Literatur, Bd. 1076), Frankfurt a.M. 1988, S. 16.

113 Edda Enayat will noch in der späteren Beziehung Heinrichs zu Judith die unterschwellige Sehnsucht nach jenem frühen Mutterglück realisiert sehen,

ter in das relativ nüchterne Verhältnis zwischen dem jungen „Künstler" und seiner Mutter mündet. Der kleine Heinrich wächst zweifellos mit einer liebevollen Mutter auf und zehrt noch als Autobiograph von der *„Erinnerung an empfangene Liebe"*[114], und auch wenn Heinrich in späteren Jahren den zweifelhaften Entschluss zum Malerberuf fasst, scheint Frau Lee ihn zunächst in seinen idealistischen Vorstellungen zu unterstützen und holt diesbezüglich in ihrer Umgebung Informationen ein.

Andererseits findet sich auch deutliche Kritik an den Ideen ihres Sohns, dem *„Hans Obenhinaus"*[115], was wohl weniger der Intoleranz der Mutter, als vielmehr natürlicher mütterlicher Sorge zugeschrieben werden muss. Die Problematik für Heinrichs Mutter liegt darin, dass sie mit dem plötzlichen Tod ihres Mannes in eine Doppelrolle gedrängt wird, der sie nicht gerecht werden kann.[116] Noch erschwerend hinzukommt die mangelnde finanzielle Absicherung, der Herr Lee wohl im Zuge seines unersättlichen Arbeitseifers kaum Aufmerksamkeit schenkte. Frau Lee versucht, die väterlichen Aufgaben in ihrer Erziehung so gut als möglich zu bewältigen, muss allerdings darin scheitern. In ihrem Bemühen um das Wohlergehen ihres Sohnes wird sie sich letztendlich vollkommen aufopfern und daran zugrunde gehen, was weniger ihr als vielmehr ihrem Sohn zum Vorwurf gereichen muss.

1.2 Die ambivalente Beziehung zwischen Heinrich und seiner Mutter

Da Heinrichs Mutter ihrer zusätzlichen Vaterrolle nur schwer gerecht werden kann, muss das Verhältnis zwischen Mutter und Sohn zwangsläufig auch problematisch sein. Die liebevoll sorgende Mutter ist zugleich diejenige, die Heinrich nie versteht[117] und der Gesprächs-

---

wenn er beispielsweise, an der Brust Judiths liegend, die *„ewige Heimat des Glückes"* (Der Grüne Heinrich, S. 465,2) zu fühlen glaubt. (Enayat, S. 41)

114 Der Grüne Heinrich, S. 21,17.

115 Ebenda, S. 16,28.

116 Peter Landolf bezeichnet dieses Problem als *„Rollenkumulation"*. (Landolf, Kind ohne Vater, S. 80)

117 Schon als Kind verweigert Heinrich seiner Mutter die Erklärung zu seiner Nicht-Bereitschaft zu Beten, da *„es doch nicht wahr gewesen wäre in dem Sinne, wie sie es verstand."* (Der Grüne Heinrich, S. 88,32-33). Die Tatsache, dass Heinrich oft dieses Unverständnis seiner Mutter voraussetzt, ohne es zu prüfen, führt immer wieder zum gegenseitigen Schweigen und damit zu einer Kommunikationsstörung zwischen Heinrich und seiner Mutter.

ton zwischen Mutter und Sohn ist meist alles andere als sentimental.[118] Insbesondere in der Abschiedsszene wird die emotionale Kühle zwischen beiden ersichtlich, wenn Heinrich selbst auf die *„wenig sichtbare Zärtlichkeit"*[119] hinweist und während der Mutter die Tränen in die Augen stürzen, als sie ihrem Sohn die Hand zum Abschied reicht, verrät bei Heinrich lediglich jener Moment eine gewisse Bewegtheit, als er fühlt, *„daß sein Gesicht ganz heiß"*[120] wird. Das Verhältnis zwischen Heinrich und seiner Mutter gleicht einem Wechselspiel von Zuneigung und gegenseitigem Unverständnis, unterschiedlichen Gottesbildern und einem divergierenden Geldverständnis.

Heinrich versteht nicht, was ihm seine Mutter als Kleinkind erklärt[121], während ihm ihr Unverständnis für seine Gedanken als selbstverständlich erscheint. Die Mutter preist den gebenden Vater-Gott[122] während sich Heinrich ein dialogisches Gottesbild entwirft. Seine Mutter lebt nach dem strengen Gesetz der Sparsamkeit[123], während Heinrich in der Fremde leichtfertig mit seinem Geld umgeht und somit ihre Beziehung gänzlich zerstört. Trotzdem fühlt Heinrich eine natürliche Verbundenheit zu seiner Heimat und seiner Mutter und wird beispielsweise zu Beginn seiner Reise von einer plötzlichen Angst befallen, *„daß er die [mütterliche] Stube nie mehr betreten dürfe."*[124] Jene Rückbesinnung auf seine Herkunft, eng verbunden mit einem drückenden Verantwortungsgefühl für seine Mutter, wird ihn letztendlich als gescheiterten Mann zurück nach Hause führen, wo er mit Schuldgefühlen belastet, seiner Mutter in den Tod nachfolgen wird.

---

118 Auf die emotional nüchterne Beziehung zwischen Heinrich und seiner Mutter weist auch Thomas Heckendorn hin, wenn er beispielsweise auf die kaum erinnerbare *„körperliche Zärtlichkeit"* zwischen Mutter und Sohn aufmerksam macht. (Heckendorn, Thomas: Die Problematik des Selbst in Gottfried Kellers *Grünem Heinrich* (Europäische Hochschulschriften, Reihe 1, Deutsche Sprache und Literatur, Bd. 1163), Bern 1989, S. 123)

119 Der Grüne Heinrich, S. 20,14-15.

120 Der Grüne Heinrich, S. 20,7-8.

121 Zu den ungenügenden Erklärungsversuchen der Mutter siehe auch Edda Enayat, S. 43.

122 Heckendorn sieht in diesem Gottesbild *„für Frau Lee und Heinrichs vaterlose Kindheit eine hypostasierte Vaterimago"*, der die eigentliche Ernährer- und Beschützerfunktion des Vaters übernimmt. (Heckendorn, S. 125)

123 Heinrich betont immer wieder die Sparsamkeit der Mutter, und berichtet z.B. davon, dass *„sie keinen Pfennig unnütz ausgab"* (Der Grüne Heinrich, S. 66,32-33).

124 Der Grüne Heinrich, S. 31,35-36.

Die Geschichte Heinrichs impliziert gleichzeitig die Geschichte seiner Mutter, die sich selbst restlos aufopfert, um ihrem Sohn das Glück in der Fremde zu ermöglichen. Jener mütterlichen Selbstlosigkeit schenkt Heinrich keine adäquate Anerkennung und ruiniert mit seinem Handeln nicht nur sein, sondern auch seiner Mutter Leben. So scheitert aber nicht nur Heinrich, der dem väterlichen Vorbild nicht gerecht werden kann, sondern auch seine Mutter muss sich infolgedessen als gescheitert sehen, da all ihre Mühe bei der Erziehung nicht das gewünschte Ergebnis erzielen konnte.

2 Heinrichs Vater - idealisiertes Vorbild oder Feindfigur?

So wenig wie die Problematik in der Beziehung zu seiner Mutter darf auch der Einfluss, den Heinrichs verstorbener Vater auf ihn ausübt nicht unterschätzt werden. Trotz oder gerade wegen seines frühen Todes übt Herr Lee einen großen Einfluss auf Heinrichs Charakterbildung und Entwicklung aus.[125]

Bezeichnend ist, dass Heinrich seine Jugendgeschichte mit der Geschichte Rudolf Lees beginnen lässt[126], wenngleich die bewussten Erinnerungen an seinen Vater eher spärlich ausfallen[127] und ihm dessen Gesichtszüge *„nicht mehr erinnerlich"*[128] sind. Trotzdem erschafft sich Heinrich selbst ein Bild seines Vaters, das durchaus ambivalente Züge

---

125 Dennoch soll nicht soweit gegangen werden, wie es Gert Sautermeister tut, der die Vaterfigur als *„Schlüssel zum Verständnis des Romans"* (Sautermeister, Gert: Gottfried Keller: Der Grüne Heinrich. Gesellschaftsroman, Seelendrama, Romankunst, in: Horst Denkler (Hg.): Romane und Erzählungen des bürgerlichen Realismus, Stuttgart 1980, S. 85) sehen will. Heinrich bleibt eine eigenständige Person, die für ihr Handeln selbst verantwortlich ist, und nicht alle Fehlschläge dürfen auf seine Vaterlosigkeit zurückgeführt werden. Trotzdem muss ihm ein nicht geringer Einfluss auf Heinrich zugeschrieben werden, wenn es darum geht, die Entwicklung Henrichs besser verstehen zu wollen.

126 Bezeichnend für die Bewunderung, die Heinrich seinem Vater gegenüber empfindet, betitelt er das erste Kapitel der Jugendgeschichte sogar als *„Lob des Herkommens"*.

127 Eine erste Erinnerung, wahrscheinlich aus seinem 3. Lebensjahr, zeigt Parallelen zu Heinrichs späterer Lebensart: *„Aus noch früheren Tagen ist mir seine Erscheinung ebenfalls geblieben durch die befremdliche Überraschung der vollen Waffenrüstung, in welcher er eines morgens Abschied nahm, um mehrtägigen Übungen beizuwohnen; da er ein Schütze war, so ist auch dies Bild mit der lieben grünen Farbe und mit heiterm Metallglanze für mich ein und dasselbe geworden."* (Der Grüne Heinrich, S. 72,10-16)

128 Ebenda, S. 72,18-19.

trägt.[129] Rudolf Lee als idealisiertes Vorbild, aber auch als vorwurfsvolle und fremde Feindfigur prägen die Gedankenwelt des kleinen, und später auch des erwachsenen Heinrich Lee.

2.1 Vater Lee als Vorbild

Wenn Heinrich auch zu Lebzeiten seines Vaters noch zu jung war, um dessen Beruf und Leistungen bis ins Detail nachvollziehen zu können, so war ihm doch schon früh bewusst, dass dieser in der Stadt eine wichtige Person war, großes Ansehen genoss und bei vielen Bürgern ob seines gesellschaftlichen Engagements sehr beliebt war.[130] Das vorbildliche Verhalten seines Vaters, seine Wohltätigkeit, sein Fleiß und seine Großzügigkeit[131] prägen die Erinnerungen Heinrichs in einem solchen Maße, dass er ihm als Idealfigur erscheinen muss[132], der er, als sein Sohn, nachzustreben bemüht sein sollte.[133] Allerdings sieht Heinrich auch die negativen Seiten dieser rastlosen Strebsamkeit: Der Vater arbeitet so hart, dass er damit seinem Leben ein verfrühtes Ende setzt.

Dennoch bleibt die Geschäftigkeit seines Vaters für Heinrich vorbildhaft, wenngleich ihm der väterliche Ehrgeiz und Fleiß nicht mit in sein Wesen eingegeben wurden. Weniger aus der eigenen Erinnerung he-

---

129 Heinrich selbst erkennt die Ambivalenz seiner Gefühle dem Vater gegenüber, und bezeichnet sie als *„Vorstellung von Sehnsucht und Widerspruch"*.

130 So heißt es beispielsweise: *„Dies tätige Leben versetzte den unermüdlichen Mann in den Mittelpunkt eines weiten Kreises von Bürgern, welche alle zu ihm in Wechselwirkung traten, und unter diesen bildete sich ein engerer Ausschuß gleichgesinnter und empfänglicher Männer, denen er sein rastloses Suchen nach dem Guten und Schönen mitteilte."* (Der Grüne Heinrich, S. 67,18-23)

131 Gert Sautermeister fasst die Vorzüge, die sich in Heinrichs Vater vereinigen, folgendermaßen zusammen: *„Verwertungsinteresse und Phantasie, Kapital und Kunst, Zweckrationalität und ideellen Schwung, Realitätssinn und Realitätsveränderung, persönliches Emporkommen und politisch-sozialen Gemeinsinn, Selbstbestimmung und demokratische Weltbürgerlichkeit."* (Sautermeister, S. 85)

132 Edda Enayat weist diesbezüglich darauf hin, dass ein Kind, die Erinnerung an den geliebten früh verstorbenen Vater unbewusst idealisieren muss, insbesondere wenn dieser Vater ein angesehener und bedeutender Mensch war und Heinrich auch von Seiten der Mutter und Bürger des heimatlichen Dorfes nur Lob über diesen vernimmt. (Enayat, S. 6-7)

133 Noch wenn Heinrichs Mutter später in einem Brief an Heinrich davon schreibt, dass sie die *„Grundsätze des Vaters [bezüglich Heinrichs Berufswahl] genugsam kenne"* (Der Grüne Heinrich, S. 273,2-3), wird ersichtlich, welche Entwicklung von Heinrich erwartet wird. Vom Vater einerseits, aber auch von seiner Mutter, die die Hoffnung auf eine gute Berufswahl des Sohnes nicht aufgeben kann und will.

raus, als durch die Reden seiner Mutter und der Menschen im Dorf beeinflusst, erschafft sich Heinrich ein idealisiertes Bild seines Vaters.[134] Herkunft, Lebensweg und besonders die Strebsamkeit[135] Rudolf Lees werden von Heinrich mit der verklärten Sicht eines Kindes wahrgenommen, das mit dem frühen Tod des Vaters die notwendige „Führungsperson" im Leben verloren hat. Mit der Art und Weise, wie Heinrich die Rückkehr des „Wanderers" Rudolf Lee in das heimatliche Dorf beschreibt[136], stellt er ihn gleichsam einer höherwertigen Person über die anderen Bewohner und folgt mit jener betonten Besserwertigkeit seines Vaters sogleich seinem Trieb, sich selbst von seiner Umgebung positiv unterscheiden zu wollen, indem er sich natürlicherweise in engste Beziehung zu seinem vorbildhaften Erzieher setzt. Dabei muss dem Leser schon von vornherein klar sein, dass Heinrich, selbst wenn er von diesem anerkannten Mann abstammt, als einsame, mittellose Halbwaise, kaum in der Lage sein wird, diesem in all seinen positiven Eigenschaften gleichzukommen.[137] Diese Unzulänglichkeit an der Nachahmung der väterlichen Lebensführung, sowie die für Heinrichs Wesen viel zu hochgesteckten Ziele, die aus der Idealvorstellung seines Vaters resultieren, müssen die Zuneigung zu seinem Vater ein Stück weit in feindliche Gefühle verkehren. In Folge der Tatsache, dass er auch als Sohn eines so bewunderten Mannes nicht vermag, diesem auf seinem erfolgreichen Weg nachzufolgen, muss sein Versagen doppelt schwer wiegen.

---

134 Zu jenem Vaterbild schriebt Heinrich selbst: *„Je dunkler die Ahnung ist, welche ich von seiner äußerlichen Erscheinung in mir trage, desto heller und klarer hat sich ein Bild seines innern Wesens vor mir aufgebaut und dieses edle Bild ist für mich ein Theil des großen Unendlichen geworden."* (Der Grüne Heinrich, S. 74,6-9)

135 Zum „Aufstieg" seines Vaters heißt es: *„...daß er vor zwölf Jahren als ein vierzehnjähriger Knabe, arm und bloß aus dem Dorfe gewandert war, hierauf bei seinem Meister die Lehrzeit durch lange Arbeit abverdienen mußte, mit einem dürftigen Felleisen und wenig Geld in die Fremde zog und nun solchergestalt als ein förmlicher Herr [...] zurückkehrte."* (Der Grüne Heinrich, S. 63,20-26)

136 Heinrich beschreibt ihn als *„schönen, schlanken Mann"* (Der Grüne Heinrich, S. 63,7), der nur die beste Kleidung trägt und sogar einen *„rothseidenen Schirm"* (Ebenda, S. 63,11) und *"eine große goldene Uhr"* (Ebenda, S. 63,11) bei sich trägt. Heinrich hat allerdings diese Ankunft seines Vaters nicht selbst miterlebt, und kann somit seine Schilderungen nur vom Hörensagen her wiedergeben.

137 Heinrich selbst fragt sich, *„wie es mit mir gekommen wäre, wenn mein Vater gelebt hätte"* (Der Grüne Heinrich, S. 73,6-7), und sieht die Entwicklungen seines bisherigen Lebens nur im Spiegel seiner Vaterlosigkeit.

2.2 Feindliche Gefühle gegen den Vater

Wenn hier von feindlichen Gefühlen die Rede ist, so soll dies nicht bedeuten, dass Heinrich eine Form von Hass gegen seinen Vater empfindet, vielmehr muss er im Bewusstsein seines eigenen Versagens immer wieder erkennen, dass er dem Erbe seines Vaters nicht gerecht werden kann. Schon als Kleinkind mag die mangelnde Zuneigung des Vaters und seine ständige Abwesenheit in Folge seiner beruflichen Aufgaben negativ auf den kleinen Heinrich gewirkt haben: Einen liebevoll kümmernden Vater hat Heinrich nie besessen. Ferner musste die hektische Arbeitsweise des Vaters auf den nach eigenen Worten eher *„beschaulichen"*[138] Heinrich eher abschreckend als motivierend wirken, und die für Heinrich erkennbaren Anstrengungen des Vaters stellten schon früh einen ständigen indirekten Vorwurf und eine unerfüllbare und bedrohliche Anforderung für ihn dar. Die drückende Frage nach dem „Was-wäre-wenn", und die immer währende Präsenz des Vaters in Heinrichs Kopf[139] müssen somit notwendigerweise in einer Schuldzuweisung gipfeln. Die Wertschätzung, die Heinrich seinem Vater erst im ausgehenden Jugendalter entgegen bringt, wird auffälligerweise immer wieder unterbrochen und verkehrt sich ein ums andere Mal in Vorwürfe wider seinen Erzeuger, gerade dann, wenn er Misserfolge hat. Hier erkennt man, dass Heinrich nach einer Rechtfertigung für sein Versagen sucht, und die Abwesenheit des Vaters gereicht zur optimalen Instanz seiner Schuldzuweisung. Es scheint, als ob Heinrich sich selbst sein Ungenügen zu erklären sucht und in seiner Vaterlosigkeit eine adäquate Lösung zu finden scheint. Freilich ist er sich seiner eigenen Fehler auch bewusst, doch erscheint es eben viel leichter, diese als Konsequenz seiner unvollständigen Erziehung zu sehen. Heinrich wird auf seinem ganzen Weg immer wieder von der Figur seines Vaters begleitet, und er unterzieht sich umso stärker dessen Einfluss, als dieser nur in seinem Kopf existiert, er also nur in Heinrichs Gedanken auf ihn und sein Handeln einwirken kann. Aufgrund des frühen Todes muss Heinrich sich ein eigenes, der Realität nicht notwendigerweise entsprechendes Bild seines Vaters erschaffen, welches in seiner Vielschichtigkeit verständlicherweise auch Probleme mit sich bringt. Heinrichs Vaterbild ist geprägt durch ambivalente Gefühle und in dessen Abwesenheit kann manche Erklärung für das Scheitern des „grünen Helden" ausgemacht werden.

---

138 Der Grüne Heinrich, S. 171,15.

139 So bedenkt Heinrich oft im Stillen: *„Wie würde Er [der Vater] nun an deiner Stelle handeln oder was würde er von deinem Thun urtheilen, wenn er lebte?"* (Der Grüne Heinrich, S. 73,23-25)

III.II Elternbindung bei *Franz Sternbald*

Während für Kellers Romanhelden die familiäre Situation zutiefst prägend ist, und diese seinen Weg maßgebend mit beeinflusst, findet man bei Tieck keine ähnlich stark ausgeprägte Entsprechung. Der Leser erfährt kaum etwas über die Erziehung Sternbalds oder über den direkten Einfluss, den seine Eltern auf ihn ausübten. Die Rückblicke auf die frühesten kindlichen Eindrücke sind hier weniger funktionales Element, um die individuelle Lebensgeschichte des Protagonisten zu komplettieren, vielmehr wird hier das Motiv Kindheit als typisch romantisches Motiv in die Handlung integriert.[140] Die Umstände der Kindheit dienen nicht wie bei Heinrich einer Erklärung oder gar Rechtfertigung der eigenen Lebensweise, sondern das erhabene Kindsein[141] steht für sich selbst, als ein Zustand der Reinheit und des „Glanzes".[142]

In dem kindlichen Sehnsuchtsgefühl, dem Streben nach Weite und Unendlichkeit liegt, dem Kind anfänglich noch nicht bewusst, das, was sich später in dem Fernweh Sternbalds manifestiert; es treibt ihn aus der Endlichkeit seiner Heimat in die Unendlichkeit der Fremde.[143] Trotzdem wird ihn sein Weg noch einmal in die Heimat zurückführen, bevor er seinen endgültige Reise antritt; bevor nach vorne gegangen werden kann, muss noch ein Blick auf die zurückliegenden Lebensab-

---

140 Hans-Heino Ewers erkennt in der Darstellung des Kindheitsmotivs folgendes: „*Die Rückblicke auf die ersten Lebensabschnitte sollen hier nur die allgemeine Beschaffenheit und Wesenseigentümlichkeit der kindlichen und jugendlichen Daseinsform des Menschen hervortreten lassen. Für diesen Zweck ist ein lückenloser Kindheitsbericht nicht erforderlich; die Erinnerung an einzelne Augenblicke, an repräsentative Situationen und exemplarische Erlebnisse genügen hier schon.*" (Ewers, Kindheit als poetische Daseinsform, S. 204)

141 In den „Phantasien über die Kunst" schreibt Tieck: „*[Kinder]…sind so wahrhaft ernst und erhaben […] weil sie dem Quell des Glanzes noch so nahestehn, der immer dunkler sich entfernt, je mehr das Leben in die Jahre rückt.*" (Marianne Thalmann (Hg.): Ludwig Tieck. Werke in vier Bänden, München 1963, Bd.I, S. 255 f.)

142 Tieck selbst schreibt im Fortsetzungsfragment des Sternbalds: „*In der Kindheit sind wir dem Ewigen und allem Unsichtbaren näher, wir fühlen dann noch keinen Unterschied zwischen Vergänglich und Unvergänglich, alles, was uns umgiebt, ist einverstanden mit uns selber, wir finden uns in allen Dingen wieder und fühlen im Nächsten den magischen Zusammenhang mit dem Universum.*" (Sternbald, S. 497)

143 Im Sternbald heißt es bezeichnend: „*…er fühlt dann näher, daß jenseits dieses Lebens ein andres kunstreicheres liege, und sein inwendiger Genius schlägt oft vor Sehnsucht mit den Flügeln, um sich freizumachen und hineinzuschwärmen in das Land, das hinter den goldnen Abendwolken liegt.*" (Sternbald, S. 27,24-29)

schnitte geworfen werden und so gelangt Sternbald vorerst noch einmal zurück in seine Heimat und zurück zu seinen Eltern.

1 Plötzlicher „Verlust" der eigenen Wurzeln

Sternbald begibt sich zu Beginn des 5. Kapitels des ersten Teils noch einmal zurück in das heimatliche „*Dorfe an der Tauber*"[144], um seinen Eltern einen Besuch abzustatten. Der Leser erfährt, dass Franz bereits im Alter von zwölf Jahren nach Nürnberg zu Albrecht Dürer in die Lehre ging[145], und seitdem kaum mehr in Kontakt mit seinen Eltern[146] stand. Auch hier steht der temporäre Rückweg in die Kindheit in engem Zusammenhang mit kindlich-emotionaler Reflexion. Bevor er in das Haus seiner Eltern tritt führt ihn sein Weg durch den Wald seiner Kindheit und gleich einem „*heiligen Tempel*"[147] erweckt dieser in ihm umgehend die Erinnerungen an seine kindlichen Empfindungen.[148] Wenn Sternbald in einem „*Labyrinth von seltsamen Empfindungen*"[149] von einer Erinnerung in die andere taumelt, wird der für Tieck so typische Begriff des Wunderbaren greifbar[150], denn Sternbald scheint beinahe in einer anderen Sphäre zu schweben. Auch die fast schon vergessen gewesenen Erinnerungen an das Mädchen aus seiner Kindheit (Marie) treiben ihn erneut in kaum zu ertragende Gefühlsschwankungen.[151] Erst

144 Sternbald, S. 42,2. Schon hier wird deutlich, wie sehr sich Keller und Tieck in ihrer Darstellung unterscheiden. Kellers deskriptive Landschaftsdarstellung zu Beginn des Romans, sowie Heinrichs „Lob des Herkommens" zeichnen ein ausführliches Bild der heimatlichen Umgebung; Tieck beschränkt sich auf diese knappe Aussage.

145 Ebenda

146 Es wird berichtet, dass Sternbalds Eltern Bauern sind. (Ebenda)

147 Ebenda, S. 42,21.

148 Sein ihm eigenes kindliches Gemüt wird erneut belebt durch die Rückbesinnung auf seine kindlichen Gefühle: „*Alle zwischenliegenden Jahre und alles, was sie an ihm vermocht hatten, fiel in einem Augenblicke von ihm ab, und er stand wieder als Knabe da, die Zeit seiner Kindheit lag ihm so nah, so nah, daß er alles übrige nur für einen vorbeifliegenden Traum halten wollte.*" (Sternbald, S. 43,16-21)

149 Sternbald, S. 44,20-21.

150 Zu Tiecks Verbindung von Kindheit und Wunderbarem siehe auch Hans-Heino Ewers, Kindheit als poetische Daseinsform, S. 214 ff., oder Rosemarie Hellge, die die positiven Aussagewerte des Kindheits-Motivs in Verbindung mit den Motiven „*Einsamkeit, Liebe, Traum, Bewusstlosigkeit, Wunder und Kunst*" (Hellge, Motive und Motivstrukturen bei Ludwig Tieck, S. 209) sieht.

151 So hei´ßt es hiernach: „*Bin ich wahnsinnig, oder was ist es mit diesem törichten Herzen...Welche unsichtbare Hand fährt so zärtlich und grausam zugleich über*

die Glocke des Dorfes holt ihn aus seinen Gedanken, woraufhin er sich auf die letzten Meter bis zu seinem Elternhause begibt.

1.1 Der Tod des Vaters

Bevor Sternbald sein Elternhaus betritt, erfährt der Leser noch, dass der Kontakt zwischen Franz und seinen Eltern in den letzten Jahren eher marginal war, vielmehr noch, dass er sie beinahe völlig vergessen hatte.[152] Obwohl sich Franz bei seiner Ankunft anfangs beengt und fremd fühlt[153], scheint es ihm doch beim Betreten der mütterlichen Stube *„schon wieder so gewöhnlich, diese Tür zu öffnen"*[154], dass sein anfängliches Unbehagen sogleich verschwindet. Franz findet die Mutter weinend und seinen Vater krank und die Familie findet sich bald vereint in angeregten Gesprächen. Auffällig ist, dass kein Wort des Tadels, kein Zeichen einer Verwunderung, ob des langen Fernbleibens Sternbalds aufkommt.[155] Die Eltern nehmen diese Tatsache als selbstverständlich hin, lediglich der Vater erkundigt sich sogleich nach Heinrichs fort gediehener Entwicklung, in der Hoffnung er möge ihm in seinen Ansichten folgen. Er fragt ihn über Gott, sein Arbeitsverständnis und betont die Überbewertung einer materiellen Sicherheit gegenüber einer „besseren" Arbeit im notwendigen Bewusstsein einer höheren Macht.[156]

---

alle Saiten in meinem Innern hinweg und scheucht alle Träume und Wundergestalten, Seufzer und Tränen und verklungne Lieder aus ihrem fernen Hinterhalte hervor?" (Sternbald, S. 46,1-6)

152 Über sich selbst erschreckend schreibt spricht Franz zu sich: *„...Wie konnte ich alles, wie konnte ich meine Eltern so lange, fast, wenn ich wahr sein soll, vergessen?"* (Sternbald, S. 43,33-35)

153 Franz nimmt sein heimatliches Dorf nach den Jahren seiner Abwesenheit als verändert wahr und schreibt über seine Gefühle: *„Die Mauer des Turms kam ihm nicht so hoch vor, alles war ihm beengter, das Haus seiner Eltern kannte er kaum wieder."* Sternbald, S. 47,17-20)

154 Sternbald, S. 47,21-22.

155 Mit Sternbalds Aussage, er habe sich den Vater *„ganz anders vorgestellt"* (Sternbald, S. 47,29), erkennt der Leser unvermittelt die lange, und Kontakt arme Zeit, die hinter Franz und seinen Eltern liegt. Franz wusste nichts von der Krankheit seines Vaters und wird bei dessen Anblick nun *„so gerührt, [dass er] sich gar nicht wieder zufriedengeben"* (Sternbald, S. 47,30-31) kann.

156 Wenn Franz später gegenüber seiner Mutter betont, dass er niemals an den Erwerb denke, wenn er an die Kunst denke (Sternbald, S. 54,10-11), greift er jene Ansichten seines Vaters noch in überspitzter Form auf. Wenn der Vater trotzdem noch auf die Notwendigkeit einer gesicherten Existenz verweist, wird die Seite des materiellen Erwerbs für Sternbald zur Nebensache, sobald es um die Kunst geht.

Franz Eltern erscheinen dem Leser als „gute Menschen".[157] Während der Vater auch bei seiner körperlich schlechten Verfassung noch die Muße findet, mit seinem Sohn grundlegende Fragen der richtigen Lebenseinstellung zu erörtern, kümmert sich die Mutter mit solchem Eifer um den zurückgekehrten Sohn, dass sie darüber hinaus beinahe den Vater vergisst.[158] Sternbald selbst beschäftigen erstmals Schuldgefühle gegenüber seinen gutmütigen Eltern, da er aufgrund von *„tausend Gegenstände[n], die ihn zerstreuten"*[159] glaubt, dem kranken Vater nicht die notwendige Liebe entgegenbringen zu können. Bevor sein Vater aus dem Leben scheidet, konfrontiert er Franz noch mit einer Nachricht, die den jungen Wanderer zwangläufig verwirren muss. Als ihm sein Vater gesteht, er sei nicht sein leiblicher Vater, kann er ihm aufgrund einer Unterbrechung durch die Mutter keine genauere Erklärung mehr liefern, und mit seinem raschen Tod am darauf folgenden Tag lässt er seinen Stiefsohn im Unbewusstsein über die eigene Herkunft zurück. So verliert Sternbald seinen Vater gleich in doppelter Form. Sein vermeintlich leiblicher Vater, und damit auch der einzige Vater, den Franz kennt, stirbt, und beraubt ihn sogleich der angeblichen Gewissheit über die eigene Herkunft. Franz steht nun doppelt alleine, ohne seinen Stiefvater und ohne jegliche Kenntnisse über seine wahren Wurzeln.

1.2 Sternbald - eigentlich ein Waisenkind?

Mit jenen letzten Worten des Vaters ändert sich zwangsläufig auch die Sicht auf die Mutter.[160] Von nun an wird sie nicht mehr nur als Sternbalds Mutter, sondern auch mit ihrem Vornamen Brigitte genannt, was die neu entstandene „Distanz" zwischen ihr und ihrem Sohn beschreibt. Mit dem Geständnis seines Vaters verliert er nicht nur diesen, sondern im gleichen Augenblicke auch seine Mutter. Im Angesicht des Verlusts seiner Eltern, fühlt sich Sternbald erstmals vollkommen ver-

157 Franz selbst betont die Güte seiner Eltern, wenn er von *„frommen Empfindungen"* (Sternbald, S. 43,27) gegenüber seinen Eltern spricht, und die Erinnerungen an seinen Unterricht und seine Spielsachen, lassen erahnen, dass es ihm in seiner Kindheit an nichts mangelte. (vgl. Sternbald, S. 43,28-29)

158 Vgl. hierzu Sternbald, S. 48, 19-22.

159 Sternbald, S. 48,28-29.

160 Über Sternbalds Gefühle heißt es diesbezüglich: *„[...] Franz war sehr in Gedanken versunken, er betrachtete die beiden Alten in einem ganz neuen Verhältnis zu sich selber [...] die letzten Worte seines vermeintlichen Vaters schallten ihm noch immer in den Ohren und er erwartete mit Ungeduld den Morgen."* (Sternbald, S.49,34-36/S. 501-4)

lassen[161] und auch die umliegende Natur vermag *„keine Poesie in seiner Seele“*[162] zu erwecken. Wenn er Brigitte nach seiner Herkunft fragt, wird bereits offensichtlich, dass sich Sternbald darüber bewusst ist, dass auch sie nicht seine leibliche Mutter ist. So wird Franz plötzlich zum Waisenkind, da ihm zunächst jegliche Information über seine leiblichen Eltern fehlt. Über seine leibliche Mutter wird im weiteren Romangeschehen kein Wort verloren. Dagegen erhält Franz auf seinem weiteren Weg, zweimal unbewusst Informationen über seinen tatsächlichen Vater.[163] Er weiß nicht, dass in der Geschichte Roderigos von seinem Vater die Rede ist, dennoch lassen ihn die Ausführungen seines Freundes, aufgrund eines unbewussten Interesses an jenem beschriebenen Alten, Roderigo zu einem Fortsetzen der Geschichte auffordern. Jene Rückbesinnung auf die erste kurze Erzählung Roderigos zeigt, dass Sternbald vielleicht unterbewusst eine Verbindung zu jenem beschriebenen Menschen fühlt. So befindet sich Sternbald auf seiner Reise in die Zukunft gleichsam auf einer Reise in seine Vergangenheit. Dies mag er nicht wissen, aber zumindest erahnen, was eben gerade in jenem unerklärbar brennenden Interesse an der Lebensgeschichte jenes alten Mannes deutlich wird. Hätte Tieck seinen Roman beendet, wäre sein Held wohl von der drückenden Ungewissheit über seine Herkunft befreit worden, ebenso wie der Leser von der Spannung auf die erwartete Lösung der Herkunftsfrage.[164] Doch aufgrund des fragmentarischen Schlusses bleibt es letzterem ebenso wie Sternbald selbst versagt, das Geheimnis um seine Herkunft zu lüften.[165] Franz bleibt

---

161 Ihn beschleicht eine leise Melancholie und in der Enge der ländlichen Umgebung erfasst ihn Traurigkeit: *„Er hatte Vater und Mutter verloren, seine Freunde verlassen, er kam sich so verwaist und verachtet vor…“* (Sternbald, S. 52,11-13)

162 Sternbald, S. 52,11.

163 Zweimal setzt Roderigo zu einer Erzählung über einen ihm begegneten Alten an, wird aber beide Male unterbrochen. Diesen Alten muss der Leser trotz der spärlichen Informationen sogleich als Franz leiblichen Vater ausmachen, auch wenn dies nie explizit ausgesprochen wird.

164 Im Nachwort der Studienausgabe des Sternbalds bezieht sich Alfred Anger auf Tiecks Nachrede von 1843, wenn es heißt: *„So ruht über der Herkunft Sternbalds ein Geheimnis, das aber, […]im dritten Teil des Romans gelüftet werden sollte: In den florentinischen Bergen sollte Sternbald auf seinen wirklichen Vater treffen, ebenso sollte er seinen Bruder (Ludoviko) in Italien wieder finden.“* (Nachwort, S. 575)

165 Dennoch behält der Roman seine positiven Tendenzen. Wäre er nicht Fragment geblieben, so hätte das Endziel ein versöhnliches sein müssen. Wenn beispielsweise Richard Alewyn *„die Vereinigung der Liebenden, das Wiederfinden der Verwandten, die Entwirrung aller Verwicklungen und die Lösung al-*

ein Kind ohne Wurzeln, und wird auf seinem gesamten Weg getrieben von der Suche nach der Liebe und der eigenen Vergangenheit.

2 Die zweite Familie Sternbalds

Was für Heinrich Lee zutiefst prägend ist, nämlich die familiäre Situation, der Verlust des Vaters und die Verantwortung gegenüber seiner Mutter, scheint in Tiecks Roman nicht in solcher Weise dargestellt. Muss sich Heinrich zu Beginn seiner Reise erstmals von seiner Mutter lösen, fand bei Sternbald dieser Schritt in Richtung eines Lebens im Sinne der Kunst schon im Alter von zwölf Jahren statt, als er bei Albrecht Dürer in die Lehre trat. So erscheint es nur verständlich, wenn ihn im Angesicht seines Aufbruchs die Trennung von seiner „Zweitfamilie" weitaus schwerer fällt als die damalige Loslösung vom Elternhaus. Über die Gefühle, die Sternbald bei der Trennung von seinen vermeintlichen Eltern empfand, wird dem Leser nichts berichtet. Umso intensiver hingegen erfolgt die Schilderung des Trennungsschmerzes Sternbalds, wenn er seine Zweitheimat Nürnberg und somit auch Sebastian und seinen Meister Albrecht Dürer verlassen muss.

2.1 Sebastian als konstanter Bezugspunkt zur Heimat

Tiecks Roman beginnt mit dem Aufbruch Sternbalds und somit gleichzeitig mit dem Abschied von seinem Freund Sebastian. Sogleich wird die gegenseitige tiefe Zuneigung der beiden Freunde augenscheinlich[166] und auch in der späteren Romanhandlung wird jene innige Beziehung immer wieder deutlich. Noch des Öfteren wird sich Franz seinen Freund Sebastian herbeiwünschen, *„um ihm alles klagen zu können"*[167] und als er den ersten Brief seines Freundes erhält, erheitert ihm das sein Gemüt, *„wie wenn nach langen Winternächten und trüben Tagen der erste Frühlingstag über die starre Erde geht."*[168] Sebastian bleibt auf

---

ler Rätsel" (Alewyn, Richard: „Ein Fragment der Fortsetzung von Tiecks „Sternbald", in: Jahrbuch des Freien Deutschen Hochstifts, 1962, S. 58-68) zu jenem Endziel zählt, wird die positive Grundtendenz des Romans betont.

166 Der Trennungsschmerz zeigt sich ganz deutlich, wenn es heißt: *„Dem jungen Franz standen bei diesen Worten die Tränen in den Augen; [...] als nun Sebastian noch hinzusetzte: „Wirst du mich auch in der Ferne noch immer liebbehalten?", konnte er sich nicht mehr fassen, sondern fiel dem Fragenden mit lautem Schluchzen um den Hals und ergoß sich in tausend Tränen, er zitterte, es war, als wenn ihm das Herz zerspringen wollte..."* (Sternbald, S. 13,24-33)

167 Sternbald, S. 51,5.

168 Ebenda, S. 55-35-36-56,1.

Sternbalds Reise der ständige Bezugspunkt zu seiner Heimat Nürnberg. Auch wenn der Briefkontakt in Folge der immer länger werdenden heimatlichen Abwesenheit Sternbalds natürlicherweise an Regelmäßigkeit einbüßt, bleibt Sebastian immer wieder Ansprechpartner für den reflektierenden Sternbald.[169] Sebastian scheint zu Beginn derjenige der beiden Freunde zu sein, der *„älter und von einer härteren Konstitution"*[170] ist, der Sternbald in seinen Zweifeln immer wieder Orientierungshilfe bietet und ihn immer wieder auffordert, im Umgang mit der Welt härter zu werden.[171] Dennoch wird es später Sebastian sein, der, tief melancholisch, die Abwesenheit Sternbalds als immer drückender empfindet[172] und der seinen Freund um seine Erfahrungen in der weiten Welt beneidet, wohingegen ihm sein *„Lebenslauf [als] durchaus verloren"*[173] erscheint. Während Franz seine Erfahrungen in der weiten Welt macht und neue Freunde gewinnt, bleibt Sebastian in Nürnberg zurück, wobei es ihm nicht gelingt, die heimatlichen Grenzen zu überschreiten. Trotz der zunehmenden räumlichen und gedanklichen Distanz der beiden Freunde bildet Sebastian immer wieder einen heimatlichen Bezugspunkt für Sternbald und ist somit, viel stärker als Sternbalds zurückbleibende Mutter, „familiäres" Bindeglied zwischen Zukunft und Vergangenheit.

2.2 Albrecht Dürer - Vorbild und Ersatzvater

Sternbald verliert mit dem Tod seines Pflegevaters sogleich auch die Gewissheit über seine eigene Herkunft und so fehlt ihm nun in Folge dessen eine Vaterfigur, die ihm zum Vorbild gereichen kann. Da Franz seine Eltern schon mit zwölf Jahren verließ und den zweiten Teil seiner Jugend in der Lehre Albrecht Dürers verbrachte, erscheint es nur selbstverständlich, dass dieser zu jener Vorbildfigur aufsteigt und Sternbalds Trennung von Nürnberg gleichzeitig eine schmerzvolle

---

169 In dem Briefwechsel zwischen Sebastian und Sternbald wird oft eine Parallele zum Briefwechsel zwischen Tieck und Wackenroder gesehen, der als das *„bedeutendste persönliche Zeugnis der beginnenden Frühromantik"* (Paulin, S. 22) gilt.

170 Sternbald, S. 13,35-36.

171 So heißt es in einem Brief Sebastians: *„...Aber strebe darnach, etwas härter zu sein, und Du wirst ein viel ruhigeres Leben führen..."* (Sternbald, S. 58,4-5)

172 Ein Wechsel in der sonst so verständigen Beziehung der beiden Freunde zeichnet sich ab, wenn es später über einen Brief Sebastians heißt: *„Dieser Brief setzte Franzen in ein tiefes Nachsinnen, er wollte seinem Gemüte nicht recht eindringen, und er fühlte etwas Fremdartiges in der Schreibart, das sich seinem Geiste widersetzte."* (Sternbald, S. 130,14-17)

173 Sternbald, S. 334,10-11.

Trennung von seinem „Ersatzvater“ bedeutet. Meister Dürer wird ihm zum unbestreitbaren Vorbild, das als Mensch und vor allem auch als Künstler als *„ein vortrefflicher Mann“*[174] die Gedanken Sternbalds immer wieder beschäftigt. Franz hängt an Dürer mit *„kindliche[r] Liebe“*[175] und *„brennende[r] Verehrung“*[176], von der gegenüber seinem vermeintlichen Vater in keiner vergleichbaren Weise die Rede ist.[177] Dürer wird für Sternbald zur Leitfigur, die ihn auf seiner ganzen Reise begleitet. Durch seine Worte wird er in seinen Plänen bestärkt und seine Stimme berührt ihn, *„wie die Hand einer stärkenden Gottheit“*[178], die ihm in den Wirrungen der Welt Halt zu geben vermag. Die Verbindung zwischen Franz und Dürer reift im weiteren Romangeschehen. Das Verhältnis zwischen Meister und Schüler verstärkt sich zu einem familiären Band, welches aus ihrer intensiven, gegenseitigen Zuneigung resultiert. Wenn Dürer Franz als seinen Sohn bezeichnet und Sternbald seinem Meister seine uneingeschränkte Liebe und Verehrung offenbart, wird die Liebe zwischen beiden augenscheinlich. Franz hängt an Dürer, als wäre er sein Vater, und Dürer liebt ihn gleich einem Sohn.[179]

Nach seinem Aufenthalt in Leyden wird Sternbald Dürer nicht mehr treffen, ihn aber dennoch als liebender „Sohn“ immer in seinen Gedanken mit sich tragen. Dürer scheint somit auf Sternbald einen viel größeren Einfluss zu haben, als es sein Pflegevater je vermochte und so wird Dürer für Franz das, was er vielleicht an seinem leiblichen Vater

174 Sternbald, S. 15,34.

175 Ebenda, S. 16,24.

176 Ebenda, S. 16,25. Die hier zu Papier gebrachte Dürer-Verehrung findet bei Tieck und Wackenroder schon im *„Ehrengedächtnis unsers ehrwürdigen Ahnherrn Albrecht Dürers“* in den *„Herzensergießungen eines kunstliebenden Klosterbruders“* ihre literarische Verwirklichung. Dieter Bänsch spricht in diesem Zusammenhang von der Entwicklung eines bedenklichen Dürerkults, der die kunstgeschichtliche und populärwissenschaftliche Rezeption Dürers nachhaltig beeinflusste. (Bänsch, Dieter: Zum Dürerbild der literarischen Romantik, in: Zur Modernität der Romantik (Literaturwissenschaft und Sozialwissenschaften, Bd. 8), Stuttgart 1977, S. 61-86).

177 Auf den Abschied zurückblickend schreibt Franz über Dürer: *„…ich machte mir heftige Vorwürfe darüber, daß ich ihm nicht alles gesagt hatte, wie ich von ihm dachte, welch ein vortrefflicher Mann er in meinen Augen sei, daß er nun von mir so entfernt würde, ohne daß er wüßte, welche kindliche Liebe, welche brennende Verehrung, welche Bewunderung ich mit mir nähme.“* (Sternbald, S. 16,20-26)

178 Sternbald, S. 61,3-4.

179 Sternbald selbst betont die familiären Gefühle gegenüber seinem Meister, wenn er zu ihm sagt: *„Ich bin eine verlassene Waise, ohne Eltern, ohne Angehörigen. Ihr seid mir alles.“* (Sternbald, S. 133,26-27)

hätte finden können: Vorbild und Bezugsperson, liebende Vaterfigur und Rat gebender Freund.

Stellt man nun die Familienbindung Heinrichs der familiären Situation Sternbalds gegenüber, ergeben sich kaum Parallelen. Während für Heinrichs Leben der frühe Verlust des Vaters und die problematische Beziehung zur Mutter seinen Werdegang meist negativ beeinflussen, bleibt bei Sternbald dieses Konfliktpotential aus. Zwar wird Franz mit dem plötzlichen Tod seines Vaters ebenfalls zur Halbwaise, allerdings trifft ihn dieser Verlust zu einem viel späteren Zeitpunkt als Heinrich, und verliert darüber hinaus in der neuen Erkenntnis der nicht leiblichen Vaterschaft an emotionaler Intensität. Wenn Heinrich auf seinem Weg immer wieder einen väterlichen Ratgeber vermisst, vielmehr noch die Abwesenheit seines Vaters als Rechtfertigungsgrund seines eigenen Ungenügens auszumachen scheint, bleibt bei Sternbald in der Figur Albrecht Dürers eine solche Orientierungshilfe gegeben. In ihm manifestiert sich all das, was für Heinrichs Leben so dringend notwendig gewesen wäre: eine liebende und wegweisende Vaterfigur, männliche Bezugsperson und real existierendes Vorbild. Was die ersten Lebensjahre Heinrichs wesentlich prägte, nämlich die Unvollständigkeit seiner Familie,[180] wird bei Tieck nicht thematisiert. Zwar ist auch hier von keinen Geschwistern Sternbalds die Rede, dennoch scheint es ihm bei seinen Eltern an nichts gemangelt zu haben. Franz genießt ferner das Glück, nach der frühen Loslösung vom Elternhaus, in Albrecht Dürer und Sebastian eine für ihn fast noch adäquatere „Familie" zu finden, die ihn nicht nur mit Liebe erfüllt sondern darüber hinaus noch seine künstlerische Veranlagung zu fördern vermag.[181] Aus der familiären Situation heraus betrachtet, schafft es Heinrich nicht, sich von seinem Elternhaus soweit zu lösen, dass er als eigenständiger Mensch in der Welt bestehen könnte, während Sternbald, das Glück finanzieller Ungebundenheit genießend, aus der Suche nach seinem leiblichen Va-

180 Heinrich bedrückt diese Unvollständigkeit, auch weil so jeder Kummer und jeder Schmerz nur auf ihn und seine Mutter zurückfallen kann, während „komplette" Großfamilien die auftretenden Probleme nicht nur zwischen zwei Personen ausmachen müssen: *„Er konnte sich nicht enthalten, jene Familien bitterlich zu beneiden, welche Vater, Mutter und eine hübsche runde Zahl Geschwister nebst übriger Verwandtschaft in sich vereinigen, wo […] über jedes außerordentliche Ereigniß ein behaglicher Familienrath abgehalten wird, und selbst bei einem Todesfalle vertheilt sich der Schmerz in kleinere Lasten auf die zahlreiche Häupter…"* (Der Grüne Heinrich, S. 32, 1-9)

181 In der bäuerlich-ländlichen Umgebung seiner Pflegeeltern hätte diese Seite Sternbalds wohl keine angemessene Förderung erfahren können.

ter und den Zusprüchen Dürers sogar noch motivierende Kraft schöpfen kann. Wenn also Heinrich aufgrund seiner Familienverhältnisse auf seinem Weg gehemmt wird, und ihn die Verantwortung für seine Mutter wieder zurück in die Heimat treibt, kann Sternbald aus ihnen jene Kraft beziehen, die für seine Wanderung so wichtig ist und sich somit unabhängig vom Elternhaus weiterentwickeln. Die Vaterlosigkeit, die für Heinrich zum prägenden Problem wird, manifestiert sich bei Sternbald in der Suche nach seinen familiären Wurzeln, und was dem Leser in der Jugendgeschichte Heinrich Lees über seine Familienverhältnisse mitgeteilt wird, verkehrt sich in Tiecks Roman zur rätselhaften Suche nach der Herkunft des Helden[182], die ob des fragmentarischen Schlusses einer Aufklärung entbehren muss.

182 Jene Suche nach der Familie bettet Ernst Behler in das allgemeine Motiv der Suche ein, wenn er schreibt: „*Es entspricht der besonderen Interessenrichtung der deutschen Romantik, daß sich dies Entwickeln, Suchen und Finden in einem Künstler abspielt…*" (Behler, Ernst: Frühromantik, (Sammlung Göschen 2897), Berlin 1992, S. 219), und stellt somit Sternbalds immer währende Suche nach den Eltern, Geschwistern, der Geliebten, sowie des eigenen Ich und der eigenen Selbstverwirklichung in den Kontext typisch romantischer Motive.

IV Das Motiv Liebe – Unerfüllte Liebe vs. Suche nach der „Unbekannten"

Was der naturgegebenen Liebe zur eigenen Familie gegenübersteht, ist die sich im späteren Leben entwickelnde Liebe zum anderen Geschlecht, die sowohl bei Tieck als auch bei Keller den Helden auf seinem Weg begleitet.

Die Liebe lässt den Reisenden verzweifeln, hoffen, suchen und leiden, schickt ihn vom Himmel der Erfüllung in die Hölle des Verlusts und entdeckt ihm den emotionalen Reichtum eines Liebenden. Bleibt Heinrich die Erfüllung seiner ersehnten Liebesbeziehung versagt[183], schöpft Sternbald aus der rastlosen Suche nach seiner geliebten Unbekannten einen Großteil seiner Motivation.

Bei Heinrich beschreiben die unterschiedlichen Beziehungen, die ihn zum einen mit Anna, zum anderen mit Judith verbinden, ein Hin- und Hergerissensein zwischen Liebe und Affektkontrolle, dem er sich kaum zu entziehen vermag. Für Sternbald hingegen ist die Einzigartigkeit seiner Geliebten unbestritten, und ihr Bild treibt ihn immer weiter auf der Suche nach der erfüllten Liebe. Beide Protagonisten haben mit dem Verlust der geliebten Frau zu kämpfen. Stirbt Heinrichs Anna tatsächlich, muss auch Sternbald auf dem letzten Stück seiner Reise mit dem vermeintlichen Tod seiner Marie umzugehen versuchen, wobei ihm, anders als Heinrich, eine letzte Hoffnung bleiben kann, da ihm die Nachricht ihres Todes nur über Dritte zugetragen wird.

Die Erfüllung der Sehnsucht Sternbalds wird mit dem Treffen auf Marie in Rom letztendlich immerhin angedeutet und entlässt den Leser in dem Gefühl der Hoffnung auf ein versöhnliches Ende. Heinrichs Tod in seiner Heimatstadt vernichtet hingegen jede Möglichkeit zu einer künftigen emotional funktionierenden Beziehung, und lässt keinen Raum für etwaige Spekulationen.

183 Mit dem Tod Annas verliert er sein Bild der idealisierten Liebe, das er in Judith nicht wieder finden kann. Heinrich bleibt bekanntlich nur in der ersten Fassung des *Grünen Heinrichs* eine Beziehung verwährt. In der zweiten Fassung „gönnt" ihm Keller immerhin ein eheähnliches Zusammenleben mit der zurückgekehrten Judith.

IV.I Die Frauenfiguren im *Grünen Heinrich*

Die Parallelen zwischen dem Leben Gottfried Kellers und dem Lebensweg seines Heinrich Lee sind unbestritten. Auch, wenn gerade in der neueren Kellerforschung häufig versucht wird, einen anderen Zugang zu dem vermeintlichen Selbstverständnis des grünen Heinrichs zu finden[184], dürfen die autobiographischen Elemente des Romans nicht vernachlässigt werden.[185] Die schwierigen und unerfüllten Liebesbeziehungen Heinrichs sind ein Teil jener Parallelen, die, wenn auch nicht in dieser Weise von Gottfried Keller selbst erlebt[186], das immer problematische Liebesleben des Dichters Keller widerspiegeln. Er selbst vermochte nie die Frau fürs Leben zu finden, vielleicht auch weil er trotz, oder gerade wegen seiner geringen Körpergröße, große Frauen liebte, denen er buchstäblich nicht gewachsen war. So verwährt er zum einen auch seinen Figuren die eheliche Liebeserfüllung, andererseits treibt ihn als ewiger Junggeselle stets das Verlangen, *„süße Frauenbilder zu erfinden, wie die bittre Erde sie nicht hegt"*[187], und so versinnbildlichen auch die Frauenfiguren im *Grünen Heinrich* auf ganz verschiedene Weise Idealbilder, die selbst in ihrer Vielfältigkeit nicht vermögen, dem Helden eine erfüllte Liebesbeziehung zu sichern. Die erdichteten Lie-

184 So spricht beispielsweise Ursula Amrein von *„inszenierter Autorenschaft"* (Amrein, Ursula: „Süße Frauenbilder zu erfinden, wie die bittre Erde sie nicht hegt!" Inszenierte Autorenschaft bei Gottfried Keller, in: Rede zum Herbstbott, Jahrbuch der Gottfried Keller Gesellschaft, Bd. 65, Zürich 1995, S. 3-24) und Rolf Selbmann meint im Grünen Heinrich die *„Fiktion einer Autobiographie"* (Selbmann, Rolf: Gottfried Keller, Romane und Erzählungen, in: Klassiker Lektüren, Bd. 6, Berlin 2001, S. 13-38) zu entdecken. Diese Annahmen mögen gerechtfertigt sein, dennoch sollten die autobiographischen Parallelen bei einer genaueren Beschäftigung mit Kellers Roman nicht außer Acht gelassen werden.

185 Man betrachte hierbei exemplarisch auch die Selbstaussage Kellers, die er 1850 gegenüber dem Verleger Eduard Vieweg zum im Entstehen begriffenen *Grünen Heinrich* tätigte: *„Es ist wohl keine Seite darin, welche nicht gelebt und empfunden worden ist."* (Aus einem Brief an Eduard Vieweg, in: Gottfried Keller: Schön ist doch das Leben!, Biographie in Briefen, hg. v. Peter Goldammer, Berlin 2001, S. 90)

186 Keller selbst betont die Diskrepanz zwischen ihm und seinem Helden, wenn er an Mutter und Schwester schreibt: *„Ueberhaupt ist lange nicht alles darin, was ich erlebt, sowie vieles auch gar nicht wahr ist, wie z.B. die Liebesgeschichten."* (Aus einem Brief an Mutter und Schwester, in: Keller, Gottfried: Briefe und Tagebücher 1830-1855, Erinnerungen an Gottfried Keller, Zürich 1943, S. 451)

187 Aus Gottfried Kellers: Tod und Dichter, in: Gottfried Keller: Gesammelte Gedichte, http://www.gottfriedkeller.ch/gedichte/gedichte.htm.

besgeschichten, die Keller in seinen Roman einstreut,[188] beeindrucken durch die hier gezeigten Frauenbilder, die in ihrer Andersartigkeit[189] die Gefühlswelt des jungen Heinrich immer wieder auf den Kopf stellen. Insbesondere in Anna und Judith, die als *„ein Spiel der ergänzenden Phantasie"*[190] zu den eindrucksvollsten Figuren des *Grünen Heinrich* gehören, manifestieren sich zwei kontrastive Frauenbilder[191], die dem noch „grünen" Heinrich zwei unterschiedliche Formen von Liebe lehren: die geistig-überhöhte Liebe einerseits und die körperlich-sinnliche Liebe andererseits.[192]

1 Die Figur der Anna

Es ist also unumgänglich, bei der Betrachtung der Identitätssuche Heinrichs auch sein immerwährendes Streben nach erfüllender Liebe zu berücksichtigen.[193] Anna bildet in ihrer Verkörperung des reinen, unschuldigen Kindes das anzustrebende Ziel jener Liebessehnsucht Heinrichs, da sie ihm aufgrund ihrer Einzigartigkeit als die Verkörperung wahrer Liebe gilt. So erscheint die Liebe zu Anna mehr als eine

188 Keller selbst bezeichnet die Figuren Annas und Judiths im autobiographischen Text von 1876 als *„gedichtete Bilder"*. (Keller, Gottfried: Sämtliche Werke 21, hg. v. Jonas Fränkel und Carl Helbling, Zürich/Bern 1947, S. 21)

189 Treffend heißt es hierzu in Iso Camartins Aufsatz zu Gottfried Kellers Frauen: *„...Judith: Pomona, Venus und Loreley zugleich, [...] Anna: Die Elfenkönigin und Muse, [...] Dortchen Schönfund: Nausikaa und heilige Elisabeth..."* (Camartin, Iso: Kleine Frauenschule, in: Der Gottfried-Keller-Rabe, Zürich 2000, S. 138-145, S. 138)

190 Hess, Günther: Die Bilder des Grünen Heinrich, in: Beschreibungskunst und Kunstbeschreibung. Ekphrasis von der Antike bis zur Gegenwart (hg. v. Gottfried Boehm und Helmut Pfotenhauer), München 1995, S. 373-395, S. 381.

191 Günther Hess schreibt in seinem Aufsatz zu den Bildern im Grünen Heinrich: *„Anna und Judith gewinnen Leben als kontrastierende Kunstfiguren, indem sie als Projektionen erotischer Phantasien wie Kunstgebilde und Kunstwerke beschrieben und zugleich entrückt erscheinen."* (Hess, Günther: Die Bilder des Grünen Heinrich, S. 382)

192 Wolfgang Preisendanz bezeichnet Anna und Judith als Repräsentantinnen unterschiedlicher Kategorien gemäß einer Dichotomie zwischen Bild und Wirklichkeit. (Preisendanz, Wolfgang: Humor als dichterische Einbildungskraft. Studien zur Erzählkunst des poetischen Realismus, München 1976, S. 97)

193 Yun-Young Zhang schreibt zur allgemeinen Problematik Heinrichs: *„In seinem Umgang mit Frauen tritt aufs neue die zentrale Problematik bei seiner Auseinandersetzung mit der Welt in Erscheinung."* (Zhang, Yun-Young: Verschwiegene und schweigende Individuen im realistischen Roman, S. 77)

geistige denn als eine körperliche, die ob ihres reinen und religiösen Wesens beinahe an die *„biblische Gestalt der Maria gemahnt."*[194]

1.1 Anna als Bild idealisierter Liebe

Anna gehört als Tochter eines Schulmeisters der bürgerlichen Gesellschaftsschicht an und erfuhr in deren Rahmen auch eine umfangreiche Bildung. Ihr Wesen wird stets als sittsam, tugendhaft und moralisch-integer beschrieben, was sie in ihrem Charakter mit dem gestrengen und puritanischen Wesen der Frau Lee verbindet.[195] Trotz ihrer transzendent-engelsgleichen Erscheinung, ist Anna keineswegs der Realität enthoben, sondern ist als aufgeschlossenes und gebildetes Mädchen in die dörfliche Gemeinschaft integriert, wo sie Freundschaften zu Heinrichs Cousinen unterhält.[196] Heinrichs Augen hängen *„mit Andacht und Liebe an ihrer Gestalt"*[197] und es gleicht einer Apotheose ihrer Person, wenn Heinrich ihren Namen mehrmals in der Verbindung mit Gott nennt.[198] Mit jener „verklärten" Sicht auf Anna, wird sie für Heinrich zum beinahe unerreichbaren Bild einer idealisierten Liebe, wie sie nur in ihrer Unerfülltheit möglich bleiben kann. Er verehrt sie gleich einer Heiligen und schon die bloße Erwähnung ihres Namens versetzt ihn in höchstes Glück.[199] Heinrich genießt seine Liebe zu ihr eher aus der Distanz und liebt es, träumerisch an Anna zu denken, während er in ihrer Gegenwart meist gehemmt ist, und aus ehrfurchtsvollem Respekt vor ihrer Person kaum wagt, mit ihr zu sprechen.[200] Sie fasziniert

---

194 Enayat, Gottfried Keller: Der Grüne Heinrich, S. 170.

195 Auf jene Parallele zwischen Anna und Heinrichs Mutter weisen beispielsweise Eduard Hitschmann und Caroline von Loewenich hin. (Hitschmann Eduard: Gottfried Keller, Psychoanalyse des Dichters, seiner Gestalten und Motive , Wien 1919, S. 29; Loewenich v., Caroline: Gottfried Keller: Frauenbild und Frauengestalten im erzählerischen Werk, Würzburg 2000, S. 46/47). Auch in der später entstehenden Freundschaft zwischen Anna und Henrichs Mutter zeigt sich die gegenseitige Sympathie der beiden Frauen.

196 Vgl. Der Grüne Heinrich, S. 250.

197 Der Grüne Heinrich, S. 355,32.

198 So beispielsweise, wenn er schreibt: *„Wir standen nun auf der Höhe, welche von der Gluth der untergehenden Sonne übergossen war, vor mir schwebte die federleichte, verklärte Gestalt des jungen Mädchen und neben ihr glaubte ich den lieben Gott lächeln zu sehen…"* (Der Grüne Heinrich, S. 264,29-33)

199 Wenn Heinrich in ihrer Abwesenheit die Dinge in ihrem Zimmer mit *„heiliger Scheu"* (Der Grüne Heinrich, S. 327,33) betrachtet, wird jene distanzierte Verherrlichung ihrer Person wieder ganz deutlich.

200 Auf diese „Liebe aus Distanz" hat treffend Wolfgang Preisendanz hingewiesen: *„Daß Heinrichs Liebe zu Anna allein dem Namen nach Liebe ist, daß sie am Bilde genug hat, daß sie mehr als Einbildung wirklich ist denn als faktisches Ver-*

ihn durch den erhabenen, höheren und unschuldigen Zug, der ihrem Wesen zugrunde liegt, und der gerade nach ihrem Internatsaufenthalt, welcher der sittlich-religiösen Veredelung dienen sollte[201], umso stärker hervortritt. Anna kehrt verändert aus dem Internat zurück, ihre Kleidung und ihr Verhalten repräsentieren schon rein optisch die in der Bildungsanstalt erlernten Umgangsformen. Heinrich erkennt sie dennoch unvermittelt wieder,[202] und erschrickt beinahe vor dem Eindruck den die veränderte Anna auf ihn macht.[203] Trotz aller positiven Eigenschaften, die Anna zugesprochen werden, kann sie ihrem idealen Selbstbild nicht immer vollkommen gerecht werden. Auch wenn den Dorfbewohnern diese Diskrepanz in ihrem Wesen nicht auffällt und sie in deren Augen stets als *„schüchtern und manierlich"*[204] erscheint, wird gerade in der Gesellschaft Heinrichs ein Teil ihres „wilderen" Selbst sichtbar[205]. Schon das gedoppelte Kusserlebnis beider zeigt, dass Anna keineswegs eine realitätsentrückte Person ohne menschliche Bedürfnisse darstellt. Dennoch verehrt Heinrich sie gleich einer Heiligen[206] und in den beiden Kussepisoden wird ganz deutlich, dass diese Liebe viel weniger eine affektgetriebene als vielmehr eine geistig-sittsame Beziehung verkörpert.[207] Ihr gegenüber empfindet er zärtliche und re-

---

hältnis, dies wird auf mancherlei Art deutlich." (Preisendanz, Wolfgang: Gottfried Keller. Der Grüne Heinrich, in: Der deutsche Roman. Vom Barock bis zur Gegenwart (hg. v. Benno von Wiese, Düsseldorf 1963, S. 94)

201 Vergleiche hierzu die Absichten des stets nach Bildung strebenden Vaters Anna, der sie gegen ihren Willen *„in eine Bildungsanstalt der französischen Schweiz"* (Der Grüne Heinrich, S. 32712-13) schickt.

202 Nach ihrer Rückkehr erzählt Heinrich: *„An ihren eigenthümlichen Zügen und der veränderten und doch gleich lieblich gebliebenen Stimme erkannte ich sogleich Anna..."* (Der Grüne Heinrich, S. 347,11-13)

203 *„...die armen, schönen blauen Augen hatten ihre Freiheit verloren und lagen in den Banden vornehm bewußter Sitte. Dies Alles unterschied ich im Augenblick nicht genau, allein es machte zusammen einen solchen Eindruck auf mich, daß ich erschrak..."* (Der Grüne Heinrich, S. 348,6-10)

204 Der Grüne Heinrich, S. 292,31.

205 Gerade nachts offenbart sich die „andere" Seite Annas, wenn sie sich beispielsweise mit Heinrich wegen eines Kusses neckt: *„...Sie war jetzt überhaupt so lebendig, laut und beweglich wie Quecksilber und schien ein ganz anderes Wesen zu sein als am Tage...Anna ward immer wilder und behender."* (Der Grüne Heinrich, S. 287,15-16/23-24)

206 Er selbst bezeichnet sie als *„eine heilige Cäcilie"*. (Der Grüne Heinrich, S. 357,17)

207 Wenn die ersten noch kindgerechten Küsse als *„schulgerecht"* (Der Grüne Heinrich, S. 301,16) bezeichnet werden deutet sich bereits an, was in den späteren Küssen, die wie von selbst erlöschen (vgl. Der Grüne Heinrich, S. 446,26) augenscheinlich wird: Das Verhältnis zwischen Anna und Hein-

spektvolle Gefühle, die ihm unbewusst verbieten, diese Beziehung durch sexuelle Befriedigung ihrer Hochwertigkeit zu berauben.[208] Mit zunehmendem Alter wird Heinrich diese Unmöglichkeit bewusst, und mit dem Tod Annas erlischt jegliche Möglichkeit zu einer künftigen Liebeserfüllung an der Seite Annas.

1.2 Anna - moralische Instanz für Heinrich?

Doch auch wenn die Liebe zu Anna niemals die von Heinrich ersehnte Intensität erreichen kann, so gereicht sie ihm doch zum Vorteil. Weckt die Tochter des Schulmeisters in ihm nicht nur erstmals Gefühle der uneingeschränkten Liebe, so fungiert sie darüber hinaus auch als moralische Instanz im Leben Heinrichs. Sie erscheint als moralisch integre Person, als „unschuldiges Blümchen", die Heinrich mit ihrem, trotz ihrer „Zerbrechlichkeit"[209] an den Tag gelegten Arbeitseifer, als motivierendes Vorbild erscheinen muss.[210] Ihr arbeitsames Wesen macht einen erheblichen Eindruck auf Heinrich und er stilisiert sie zum Ideal seiner Arbeit. Sie treibt ihn förmlich zum Schaffen an, wenn auch von ihr keine faktische Inspiration im Sinne einer Muse ausgeht. Heinrich gedenkt ihrer Person, wenn er arbeitet und fühlt sich durch sie motiviert, sich selbst um etwas verdient zu machen, was *„in ihren Augen für [ihn] spräche"*[211], und so fördert Anna seinen Arbeitseifer.[212]

---

rich findet in der leidenschaftlich-körperlichen Annäherung keine Erfüllung, sondern wird durch diese vielmehr zerstört.

208 Jene Geistigkeit ihrer Liebe betont auch Bernhard Spies, wenn er schreibt: *„Anna ist wirklich Heinrichs Geliebte. Nach ihrem gemeinsamen Willen soll ihre Liebesbeziehung aber jedes noch so unschuldigen sinnlichen Elements entbehren und ganz geistiger Art sein. In der Zuneigung zweier Geister, im Leben des einen mit der Seele des anderen wollen sie ihre Natur erfüllen."* (Spies, Bernhard: Behauptete Synthesis. Gottfried Kellers Roman „Der Grüne Heinrich" (Abhandlungen zur Kunst-, Musik- und Literaturwissenschaft, Bd. 263), Bonn 1968, S. 64/65)

209 vgl. Der Grüne Heinrich, S. 255/256.

210 Man vergleiche hierzu Annas Arbeit mit der *„Wanne voll grüner Bohnen"* (Der Grüne Heinrich, S. 282,23), bei der ihr Heinrich sogar hilft, oder auch ihre Arbeit im Weinberg des Vaters (Ebenda, S. 283,23-27).

211 Der Grüne Heinrich, S. 494,17.

212 Heinrichs Zweifel an sich selbst und sein vermeintliches Ungenügen an den Ansprüchen Annas werden besonders deutlich, wenn er sich selbst beim Tellfest gegenüber anderen jungen Männern, die um die Gunst Annas werben, als beruflich minder qualifiziert ansieht. (vgl. Der Grüne Heinrich, S. 424/425)

Auch bei der Beschreibung des Verhältnisses zwischen Anna und Heinrichs Mutter, erkennt man deutlich, dass es Annas reines und sittsames Wesen ist, das das Wohlwollen der Mutter ihr gegenüber begründet. Sie erscheint als vorbildhaft, so dass Heinrichs Mutter bald *„die größte Freude an dem guten Kinde"*[213] gewinnt. Anna verkörpert also in ihrer Arbeitsamkeit und Reinheit genau das, was Frau Lee von einer jungen Frau erwartet, und so orientiert sich auch Heinrichs Mutter nur an dem äußerlich zur Schau getragenen idealisierten Selbst Annas. Doch auch, wenn Heinrich um Anna willen *„ein braver und ehrenvoller Mann werden"*[214] möchte und wegen ihr *„ein zusammengefaßtes und sorgfältiges Wesen"*[215] anzunehmen versucht, birgt jene Vorbildfunktion seiner „Geliebten" auch durchaus Gefahren für Heinrich. Sein Bestreben, wegen Anna rein und gut zu sein, entfremdet ihn von sich selbst, und er zeigt wegen ihr schließlich ein künstlich angenommenes, eitles Verhalten, das seinem wahren Wesen nicht entspricht. So versucht er, genauso wie Anna, ein idealisiertes Vorstellungsbild seiner selbst zu werden. Doch genau aufgrund dieser angestrebten Ideale, können beide niemals eine erfüllende Liebesbeziehung erreichen. Ihr „Sich-Verstellen" entfernt sie eher voneinander, als dass es sie zueinander führen könnte, und die Ausblendung des sinnlichen Elements in ihrer Beziehung bereitet letztendlich schon vor, was mit dem Tod Annas[216] endgültig unumgänglich wird: das Ende ihrer Beziehung.

2 Die Figur der Judith

Abgesehen von der gleichaltrigen Anna, wird schon zu Beginn des Romans deutlich, dass Heinrich große, volle Frauengestalten liebt, wie sie ihm in Gestalt der Gretchen-Schauspielerin erstmals entgegentreten. Auch Judith reiht sich ein in diese Frauenfiguren, die in Heinrich ob ihres Alters und ihrer mütterlich-weiblichen Anziehungskraft erotische Phantasien wecken. Auffällig ist bei der Figur Judiths, dass sie viel eher Gottfried Kellers Frauenideal entspricht als die kindliche Anna, und somit als deren Gegenbild eine ungeheure Faszination auch

213 Der Grüne Heinrich, S. 380,17.
214 Ebenda, S. 467,36.
215 Ebenda, S. 507,31.
216 Bedenklich muss schon erscheinen, wenn sich Anna und Heinrich nach dem Kuss im Wald völlig *„fremd"* (Der Grüne Heinrich, S. 446,28) erscheinen, und wenn Heinrich davon schreibt, dass er Annas Beerdigung *„viel eher genoß als erduldete"* (Der Grüne Heinrich, S. 556,25) und sich *„beinahe des nun ernst werdenden Wechsels des Lebens freute"* (Der Grüne Heinrich, S. 556,25-26), wird dem Leser die Unmöglichkeit jener Verbindung, die an ihrer reinen Geistigkeit scheitern muss, bewusst.

auf Heinrich ausübt.[217] Heinrich trifft auf Judith im Alter von vierzehn Jahren und so muss sie ihm in ihrer Weiblichkeit als verführerisch und schön erscheinen, und somit gleich einer Femme fatale jene Seite Heinrichs ansprechen, die bei der puritanischen Anna keine Erfüllung erfahren kann, nämlich die sinnlich-körperliche Seite.

2.1 Judith als Gegenbild zu Anna

Schon in Alter und Aussehen wird die Gegensätzlichkeit zwischen Anna und Judith deutlich. Die blonde und noch kindlich-unschuldige Anna bildet das verklärte Gegenbild zur dunkelhaarigen und erfahrenen Judith. Zwar ist auch Judith in die dörfliche Gemeinschaft integriert, doch ihr Witwendasein lässt sie abgeschieden und alleine leben und charakterisiert sie schon dadurch als Annas Gegenbild. Was Heinrich in der Beziehung zu Anna entbehren muss, nämlich die körperliche und sinnliche Verbindung, findet er in den Armen Judiths.[218] Judith ist sich dieses Zwiespalts in Heinrichs Gedanken bewusst und weiß um seine Gefühle gegenüber Anna.[219] Dennoch macht es ihr *„Ver-*

---

217 Keller orientiert sich bei der Zeichnung von Judiths Person an einem Gemälde, das ihn in einer Ausstellung des Münchner Kunstvereins ganz besonders faszinierte. An seinen Freund Hegi schrieb er diesbezüglich 1841: *„Eine Judith von Riedel in Rom war da. Ich habe noch nichts so schön Gemaltes gesehen; es ist vollkommen in jeder Beziehung. Die Wirkung der Beleuchtung wahrhaft magisch....“* (Helbling, Carl (Hg.): Keller, Gottfried: Gesammelte Briefe in vier Bänden, Bd. 1, Bern 1950, S. 185f.) Zum Gemälde der Judith siehe Anhang Abb. 1, entnommen aus Hess, Günther: Die Bilder des Grünen Heinrich, S. 394. So erinnert die Beschreibung Judiths ganz deutlich an besagtes Gemälde: *„...ihr Gesicht hatte den ausgeprägten Typus unseres Geschlechtes, aber durch eine ungewöhnliche Schönheit verklärt; besonders die großen braunen Augen und der Mund mit dem vollen runden Kinn machten augenblicklichen Eindruck. Dazu schmückte sie ein schweres dunkles, fast nicht zu bewältigendes Haar.“* (Der Grüne Heinrich, S. 231,14-20) Auch in der Beschreibung „Gretchens“, mag man an jenes Gemälde erinnert werden, wenn es heißt: *„...ich erkannte jetzt ihre Züge wohl, sie hatte ein weißes Nachtkleid umgeschlagen, Hals und Schultern waren entblößt und gaben einen milden Schein, wie nächtlicher Schnee.“* (Der Grüne Heinrich, S. 158,1-4)

218 Diese Verschiedenartigkeit der Gefühle wird schon deutlich, wenn Heinrich über die Küsse mit Anna und Judith schreibt: *„Als ich Anna geküßt, war es gewesen, als ob mein Mund eine wirkliche Rose berührt hätte; jetzt aber küßte ich eben einen heißen, leibhaften Mund und der geheimnisvolle balsamische Atem aus dem Innern eines schönen und starken Weibes strömte in vollen Zügen in mich über.“* (Der Grüne Heinrich, S. 468,34-36/469,1-3)

219 Judith selbst ist es, die alles über Heinrich und Anna erfahren will. (vgl. Der Grüne Heinrich, S. 467,3-7)

gnügen, […] den Mann zu lieben, der noch in [ihm] verborgen ist"[220] und sie genießt die Bewunderung, die ihr der junge Heinrich entgegenbringt. Sie küsst ihn, obwohl sie sich durchaus darüber im Klaren ist, dass er dabei an Anna denkt, weiß aber gleichzeitig um die aufrechten Gefühle, die ihr Heinrich entgegenbringt.[221] Wenn Heinrich sich auch seine Gefühle gegenüber Judith nicht offen eingestehen kann, weil er sich damit selbst der Untreue an Anna schuldig machen würde[222], ist sich Judith seiner Zuneigung doch sicher und behält ihr Wissen, aus Angst ihn zu verlieren, zurück.[223] Für Heinrich wiegt der emotionale Betrug an Anna weit schwerer, als der körperliche, der ihm aufgrund von Annas Ablehnung als beinahe gerechtfertigt erscheint. Die heimlichen Treffen mit Judith sieht er folglich als etwas Verbotenes an, von dem er niemanden etwas erzählt. Während die Zuneigung zu Anna keiner öffentlichen Zurückhaltung bedarf, muss die sinnlich-erotisch motivierte Beziehung ein Geheimnis zwischen Heinrich und Judith bleiben, und gewinnt aufgrund ihres „sündhaften" Charakters für Heinrich noch zunehmend an Faszination.

2.2 Verkörperung der Sinnlichkeit und „Freundin" im Leben Heinrichs

Der Dualismus von Geistigkeit und Sinnlichkeit, der die Beziehungen Heinrichs maßgeblich prägt, zeigt Judith als vollendete Frau, die es Heinrich mit ihren Küssen *„glutheiß"*[224] werden lässt, und die in ihrer Erfahrung und erotischen Anziehungskraft ganz eindeutig den sinnlichen Teil in Heinrichs Leben repräsentiert, während die ikonisierte Figur Annas Heinrichs Anspruch einer geistig-reinen Seite seines Liebeslebens bedient. Die heimlichen Treffen mit Judith finden meistens

220 Der Grüne Heinrich, S. 468,29-30.

221 Er selbst gesteht Judith die Liebe zu Anna, nur um im nächsten Moment auch die Liebe zu ihr zu bekräftigen: *„Siehst du! Für die Anna möchte ich alles Mögliche ertragen und jedem Winke gehorchen. […] Dies alles könnte ich für dich nicht thun! Und doch liebe ich dich von ganzem Herzen…"* (Der Grüne Heinrich, S. 467,34-36/468,5-6)

222 Als ihn Judith nach seiner liebevollen Zuneigung zu ihr fragt, fühlt er sich Anna gegenüber schuldig: *„Jetzt gerieth ich in die größte Verlegenheit; denn die Frage zu bejahen, fühlte ich nun deutlich, würde die erste eigentliche Untreue gewesen sein…"* (Der Grüne Heinrich, S. 467, 26-28)

223 Rückblickend erkennt Heinrich dieses Wissen Judiths: *„[…] doch sah sie wohl, daß sie nur meine sinnliche Hälfte anlockte; und wenn sie auch ahnte, daß mein Herz mehr dabei war als ich selbst es wußte, so hütetet sie sich wohl, es merken zu lassen…"* (Der Grüne Heinrich, S. 509,12-15)HeiHH

224 Der Grüne Heinrich, S. 468,32.

nachts statt und die geistlose Sinnlichkeit ihres Beisammenseins findet im Schutz der nächtlichen Dunkelheit das passende Milieu. Heinrich fühlt sich wie in einem *„Abenteuer“*[225], wenn er Judith im Dunkeln zu ihrem Haus begleitet. Die Vorfreude auf das Bevorstehende lässt ihm *„das Herz wie mit Hämmern“*[226] klopfen und sogar Anna in diesem Moment vergessen.[227] Dennoch erscheint die Reduktion Judiths auf das bloß Erotische und Körperliche als zu einseitig.[228]

Sicher ist ihre „Funktion“, gerade in Abgrenzung zur idealisierten Figur Annas, offensichtlich, trotzdem ist sie für Heinrich mehr als bloße Körperlichkeit.[229] Ihr erzählt er die ganze Geschichte über Anna, ihr liest er stundenlang aus Büchern vor, und es ist Judith, von der er die Vergebung für sein Fehlverhalten gegenüber Römer, das in ihm schwere Schuldgefühle auslöst hatte, zu erhalten hofft. So ist Judith gleichzeitig Freundin und auch Mutterfigur[230], letzteres vorwiegend dann, wenn sie Heinrich kritisch die Vergebung verwährt oder ihn gleich einer kümmernden Mutter mit Äpfeln und Milch füttert, oder ihm Liebkosungen und Umarmungen schenkt. Judith schafft es, ganz im Gegensatz zu Heinrichs Mutter, ihm eine realistischere Sicht auf das Leben zu ermöglichen.[231] Sie stimmt ihm nicht in allem zu, sondern

225 Ebenda, S. 462,36.

226 Ebenda, S. 462,35-36.

227 Die Aufregung verklärt ihm seine Gedanken: *„An Anna dachte ich gar nicht, mein wallendes Blut verfinsterte ihr Bild und ließ nur den Stern meiner Eitelkeit durchschimmern; denn, genau erwogen, wollte ich nur um meiner selbst willen meine Standhaftigkeit erproben.“* (Ebenda, S. 463, 2-6)

228 Häufig wird in der Forschungsliteratur nur diese sinnliche Seite Judiths betont. So schreibt beispielsweise Emil Ermatinger; *„Die Teilung der Liebe des Mannes zwischen geistige Freundschaft und sinnliche Leidenschaft wiederholt sich in der Zeit der Empfindsamkeit in Leben und Dichtung. […] Im „Grünen Heinrich“ hat Keller diesem rousseauisch-romantischen Motiv der Doppelliebe in Heinrichs Verhältnis zu Anna und Judith eine bedeutsame Vertiefung und Ausweitung gegeben. […] An dieser hängt seine Geistigkeit, nach jener drängen seine Sinne.“* (Ermatinger, Emil: Gottfried Kellers Leben. Mit Benutzung von Jakob Baechtolds Biographie dargestellt, Zürich 1950, S. 283)

229 Auf Judiths Doppelbedeutung als *„erotische Verführerin“* einerseits und *„moralische Instanz“* andererseits weist auch Anne Brenner hin. (Brenner, Anne: Leseräume, S. 114)

230 Auch Gerhard Kaiser bezeichnet Judith als eine *„Mutter-Geliebte“* (Kaiser, Gerhard: Gottfried Keller. Das gedichtete Leben, Frankfurt a.M. 1981, S. 83) im Sinne einer Mütterlichkeit, die sogleich Gewalt und Verführung bedeutet.

231 So zeugt es von einer gewissen Lebenserfahrung, wenn sie dem „grünen“ Heinrich folgendes mitteilt: *„Es wird in der Welt nicht so gehen, wie du es denkst*

steht ihm kritisch beratend zur Seite und ist somit sinnliche Inspiration und liebevolle Freundin. Judith bleibt dennoch immer hinter Anna zurück und kann Heinrichs bedingungslose Liebe nicht gewinnen. Eine erfüllte Liebesbeziehung mit dem wesentlich jüngeren Heinrich bleibt ihr verwehrt und jene unerfüllbare Liebe verschuldet letztendlich ihr Auswandern nach Amerika.

3 Dortchen Schönfund als letzte Liebe Heinrichs

Nach den gescheiterten Liebesbeziehungen, die Heinrich in seiner Jugend erlebt hatte, bleiben die Kontakte zum anderen Geschlecht eher marginal. Erst als Heinrich als gescheiterter Mann den Heimweg antritt, entdeckt er in sich ein letztes Mal Gefühle wahrer Zuneigung, die ihn aber auch diesmal aufgrund seines immer währenden Zweifelns und Zögerns nicht in eine glückliche Beziehung führen können. Mit Dortchen Schönfund beginnt der letzte Abschnitt im Leben Heinrichs, wenn er die letzten Tage vor seiner Heimreise am Schloss jenes Grafen verbringt, der ihm schon zu Beginn seiner Reise freundlich entgegengetreten war.

3.1 Dortchen - Anfangs- und Endpunkt der Reise Heinrichs

Dortchen Schönfund ist die Frauengestalt im Leben Heinrichs, die der Romanhandlung, ähnlich wie Heinrichs Mutter[232], einen inhaltlichen Rahmen verleiht. Bereits zu Beginn der Geschichte begegnen sich Heinrich und Dortchen[233] und wenngleich sie zu diesem Zeitpunkt noch mehr als Heinrich selbst als ein Kind erscheint, empfindet er sie durchaus als schön.[234] Anfang und Ende des *Grünen Heinrich* sind mit ihrer Person verbunden und formulieren eine existentielle Einheit, die vom Leben erzählt und mit dem Tod endet.[235] Bei der zweiten Begegnung fungiert Dortchen quasi als Retterin Heinrichs, als sie ihn wie-

---

und vielleicht auch mit Anna nicht; das Alles wirst du schon sehen; ich sage dir nur, daß du später froh sein sollst, wenn du zu mir gekommen bist." (Der Grüne Heinrich, S. 469, 31-34)

232 Auch Heinrichs Mutter bildet Anfangs- und Endpunkt von Heinrichs Reise.

233 Schon in jener ersten kurzen Begegnung wird die gegenseitige Zuneigung zwischen Heinrich und Dortchen offensichtlich: *„Als der Graf nun die Damen nach dem Wagen hinaus führte, um dort von ihnen Abschied zu nehmen, grüßte die Kleine unter der Thüre Heinrich ganz allerliebst und dieser machte dem unerwachsenen Kinde ein so ernsthaftes Compliment, als wenn er die ehrwürdigste Matrone vor sich gehabt hätte."* (Der Grüne Heinrich, S. 41,31-36)

234 vgl., Der Grüne Heinrich, S. 39,10.

235 Loewenich v., Caroline: Gottfried Keller, S. 80.

dererkennt und ihn vor einer weiteren Nacht im Freien bewahrt, indem sie ihn auf das väterliche Schloss einlädt.[236] Mütterlich sorgend[237] nimmt sie sich Heinrichs Situation an und kann sich sogleich der Zuneigung Henrichs gewiss sein. Dortchen wird als letzte Frau im Leben Heinrichs zur perfekten Geliebten, die aber gerade in ihrer Vollkommenheit *„Demuth und Furcht"*[238] in Heinrich erweckt und ihn deshalb in seinen Annäherungsversuchen zurückhält. Sie verkörpert all das, was zuvor nur in der Doppelliebe zu Anna und Judith möglich war: Er verehrt Dortchen nicht nur auf geistige Art und um ihrer klaren Herzensgüte willen, sondern liebt sie aufgrund ihrer Schönheit auch leidenschaftlich. Sie wird als *„schönäugig und anmutig"*[239] beschrieben und ihr Wesen ist geprägt durch eine *„wahrhaft wohlgezogene Höflichkeit des Herzens"*[240]. Als Pflegetochter des Grafen steht sie standesgemäß über Heinrich und schon in ihrem Namen „Schönfund" klingt die glückliche Fügung in ihrem Leben mit, die ihr den Grafen als Pflegevater zuführte.[241] So könnte Dortchen in ihrer Verkörperung der optimalen Geliebten als letzte Station Heinrichs auch als finale Erfüllung für dessen Liebessehnsucht erscheinen, kann aber aufgrund von Heinrichs Befangenheit nicht über ihre bloß anregende und motivierende Wirkung hinauskommen.

3.2 Dortchen als letzte Motivation?

Heinrichs Zuneigung zu Dortchen entwickelt sich ziemlich bald, und schon zu Beginn plagen ihn Zweifel aufgrund seines Ungenügens gegenüber der Vollkommenheit ihres Wesens,[242] die ihn zum Verbergen

236 Auch Heinrich erkennt das Mädchen der früheren Begegnung wieder: *„Das war also jenes liebliche und freundliche Mädchenkind, und welch' artiges Wunder, daß eben jetzt bei seinem traurigen Abzug aus Deutschland das gleiche Wesen in reifer Vollendung ihm entgegentreten mußte, das ihn bei seinem pompösen Einzug als angehende Grazie begrüßt hatte."* (Der Grüne Heinrich, S. 835,30-35)

237 Sie bringt ihn in das Schloss ihres Vaters und versorgt ihn mit Wein und Essen. (vgl. Der Grüne Heinrich, S. 838)

238 Der Grüne Heinrich, S. 888,29.

239 Ebenda, S. 833,28-29.

240 Ebenda, S. 835,36-836,1.

241 In der Figur Dortchens mag entfernt auf Kellers einstige Angebetete Betty Tendering verwiesen sein, die er auch die „Bellatrovata" nannte. (Vgl. hierzu beispielsweise Baumann, Walter: Auf den Spuren Gottfried Kellers, „Als ob ich ein großer Mann wäre...", Zürich 1984, S. 88, oder auch Dennerle, Iris: Von Namen und Dingen. Erkundungen zur Rolle des Ichs, Würzburg 2001, S. 73)

242 Interessant ist hierbei die erste Äußerung Heinrichs über seine Empfindungen gegenüber Dortchen: *„Im Grunde – ein Mädchen zu lieben ist nie eine Un-*

seiner wahren Gefühle anhalten. Doch trotz aller Zweifel ist es Dortchen, die ein letztes Mal die schon verloren geglaubte Liebe zur Kunst in Heinrich erwachen lässt. Ihr Bejahen des Lebens und der Natur gibt ihm neue Kraft, führt ihn zurück zur Kunst und zurück ins Leben und abermals strebt er von neuem nach der Verwirklichung seiner Selbstidealisierung. Gewinnt also Heinrich durch Dortchen und ihr dem Leben positiv zugewandtes Wesen einen neuen Sinn des Lebens, nachdem er all seine Hoffnungen schon hatte fahren lassen, vermag sie dennoch nicht, das unabwendbare dunkle Ende seines Lebens zu verhindern. In ihr hätte er die Erfüllung seiner Wünsche finden können; durch ihren Vater und das unerwartete Erbe des Trödelhändlers wären die finanziellen Nöte weitgehend überwunden gewesen und mit einem rechtzeitigen Schreiben an seine Mutter hätte er ihrem Tod zuvorkommen können. Die Grafenschloss-Episode hätte Heinrich für den langen Weg des Scheiterns entschädigen können, doch Keller gönnt seinem Helden keine Versöhnung mit sich selbst und dem Leben. Vielmehr wird gerade in Heinrichs Beziehung zu Dortchen erneut seine mangelnde Liebesfähigkeit deutlich.[243] Während sie in Heinrich Gefühle einer zärtlichen, verhaltenen Dankbarkeit und Liebe weckt, entwickelt auch sie eine positive Zuneigung zu dem jungen Wanderer. Aber Heinrich ist unfähig, ihr gegenüber seine wahren Emotionen zu offenbaren. Er leidet im Stillen und wagt es ob seiner Selbstzweifel nicht, die Möglichkeit einer funktionierenden Beziehung in Erwägung zu ziehen. Vielmehr redet er sich die Unmöglichkeit dieser Verbindung geradezu ein und verfällt aufgrund seiner quälenden Sehnsucht in depressive Verstimmungen. In seiner eigenen Zerrissenheit wirkt er wie erstarrt und auch Dortchens Zuneigung vermag nicht, ihn aus seiner stagnierenden Hilflosigkeit zu befreien.

Die mögliche Wende in seinem Leben bleibt aus; *„...Dortchen ist nicht Hierchen"*[244] konstatiert der verzweifelte Heinrich, als seine Dorothea

---

höflichkeit, wenn man nur etwas Rechtes ist! Aber von mir würde es jetzt unhöflich und grob sein, weil ich ja nichts, ach so gar nichts bin und Alles erst werden muß!" (Der Grüne Heinrich, S. 865,21-25) Diese Passage zitiert beinahe wörtlich eine Selbstaussage Gottfried Kellers, die er in einem Brief an Luise Rieter tätigte: *„[...] ich bin noch gar nichts und muß erst werden, was ich werden will [...]"* (Keller: Briefe und Tagebücher 1830-1855, S. 236)

243 Auch Edda Enayat verweist treffend auf den Mangel Heinrichs und betont, *„daß er nicht imstande ist, seine Gefühle spontan und warmherzig zu äußern, obwohl er dazu ermutigt wird."* (Enayat, Edda: Gottfried Keller: Der Grüne Heinrich, S. 195)

244 Der Grüne Heinrich, S. 899,26-27.

länger als geplant vom Schlosse fern bleibt und verfällt in Folge ihrer langen Absenz endgültig in stille Resignation. Ihm erscheint die Liebe zunehmend als *„Teufelei"*[245] und wenn Dortchen Heinrichs Herz zum *„Nadelkissen"*[246] bestimmt, deutet sich sein bevorstehendes Ende bereits an. Seine Angst vor Zurückweisung und seine Minderwertigkeitsgefühle gegenüber Dortchen verbieten ihm jegliche Annäherungsversuche und verwehren ihm somit, selbst verschuldet, jegliche Hoffnung auf Erfüllung. Auffällig ist, dass der Verlust Dortchens für Heinrich ebenso wie der Tod seiner Mutter weit schwerer wiegt als der Tod Annas und der Abschied von Judith. Der Verlust seiner „letzten Liebe" und der Tod seiner Mutter bohren sich tief in Heinrichs Herz und letztlich stirbt er einsam mit dem *„Liedchen von der Hoffnung"*[247] in der Hand.

IV.II Die Frauen im *Sternbald*

Was bei Keller in der genauen Beschreibung der Frauenfiguren im Leben Heinrichs verwirklicht ist, nämlich die Zeichnung verschiedener individueller Liebesbeziehungen, ist bei Tieck ganz anders umgesetzt.[248] Es ist auffällig, dass Tieck ein viel weniger konkretes Bild der Liebe Sternbalds zeichnet, als es Keller bei den Liebeserfahrungen Heinrichs tut. Man erfährt kaum etwas über seine Angebetete, vielmehr erscheint sie als der Realität entrücktes Idealbild, das, obwohl Sternbald sie gar nicht wirklich kennt, zu einer der primären Motivationen der Reise Sternbalds avanciert.[249] Das Bild, das er von ihr in seiner Erinnerung trägt, bildete sich aus zwei flüchtigen Begegnungen, von der die eine bezeichnenderweise in der fernen Kindheit stattfand, die andere viele Jahre später in der Nähe derselben Stelle des Waldes, an welcher er schon als Kind auf die junge Marie getroffen war.

245 Ebenda, S. 892,2.

246 Ebenda, S 906,28.

247 So heißt es am Ende des Romans: *„Seine Leiche hielt jenes Zettelchen von Dortchen fest in der Hand, worauf das Liedchen von der Hoffnung geschrieben war."* (Der Grüne Heinrich, S. 934,3-5)

248 Auf jenen Mangel an Individualität bei der Gestaltung des Motivs Liebe im Frühwerk Tiecks weist auch Rosemarie Hellge hin, wenn sie schreibt: *„"Liebe" wird bei Tieck nicht als individuelles Schicksal, sondern als archetypische Situation aufgefaßt und gestaltet."* (Hellge, Rosemarie: Motive und Motivstrukturen bei Ludwig Tieck, S. 214)

249 Auch Lothar Pikulik weist auf jene Unbestimmtheit der Liebe hin, wenn es heißt: *„Tiecks Sternbald trägt eine Liebe im Herzen, wie sie sich unbestimmter und schwebender kaum denken läßt."* (Pikulik, Romantik als Ungenügen an der Realität, S. 375)

Doch trotz der Ferne zu seiner Geliebten wird sie zum Telos seiner Reise und alle Frauen, die er auf seiner weiteren Suche trifft, vermögen nur unbefriedigende Zwischenstationen auf dem Weg zu seiner wahren Geliebten zu sein.

1 Marie - die schöne Unbekannte

Wenn Sternbald davon spricht, dass er die Gestalt seiner Geliebten, nur als *„ein vorbeifliegendes Schattenbild wahrgenommen"*[250] hat, so erscheint sie ihm in seiner Phantasie undeutlich und verklärt, wird somit aber auch viel anziehender, als es jede noch so vollkommene Schönheit im gewöhnlichen Umgang je sein könnte. So stilisiert Sternbald sie zum *„Genius"*[251] und *„schützende[n] Engel"*[252], der ihn mit *„blauen Augen"*[253] anlockt und ihm zugleich wieder entflieht, ebenso wie der blaue Horizont, dem er sehnsüchtig zustrebt. Dadurch, dass sie sich zweimal treffen, sich Marie aber gleich eines Schattens sogleich wieder dem Zugriff Sternbalds entzieht, wird sie zur rätselhaften Fremden über die Sternbald nahezu nichts weiß, die er aber trotzdem zum idealisierten Bild seiner Liebe erhebt.

1.1 Marie - die „Muse" im Leben Sternbalds?

Es wurde bereits darauf hingewiesen, dass Marie für Sternbald eine Verbindung zwischen Zukunft und Vergangenheit darstellt. Darüber hinaus vereint sich Sternbalds Liebe aber auch mit seinen künstlerischen Ambitionen. Die Gestalt Maries hilft ihm, in aller Verwirrung, durch seine aus der Erinnerung begründete Hoffnung auf eine erfüllende Liebe zu ihr, an der Kunst festzuhalten.[254] Sie gereicht ihm zur Muse, die sein künstlerisches Talent in Tätigkeit bringt. Gerade als jene *„ungewisse, vorüberschwebende Erscheinung"*[255] und als ein innerlich geschautes Bilde, das Sternbald von ihr in sich trägt, weckt sie in ihm den Wunsch *„wenigstens [...] ein Gemälde, ein treues, einfaches der jet-*

250 Sternbald, S. 76,6-7.
251 Ebenda, S. 74,12.
252 Ebenda, S. 74,12-13.
253 Ebenda, S. 73,11.
254 Auf jene Verbindung zwischen Kunst und Liebe im *Sternbald* weist beispielsweise auch Hans Geulen hin wenn er davon spricht, dass das Bild der Geliebten das *„allegorisierte tiefere Ineins von Kunst und Liebe, Verheißung und Erfüllung, Vergangenheit und Zukunft"* figuriere. (Geulen, Hans: Zeit und Allegorie, S. 287)
255 Sternbald, S. 200,28.

zigen Gestalt"[256] von ihr zu besitzen und bewegt ihn somit zur künstlerischen Beschäftigung.[257] Da das Gesicht der Fremden *„seine Phantasie unaufhörlich"*[258] beschäftigt, ergeht er sich immer wieder in neuen Versuchen, *„die lieblichen Mienen, den süßlächelnden Mund, die unaussprechliche Grazie jeder Bewegung"*[259] seiner Geliebten, künstlerisch zum Ausdruck zu bringen, gleichsam das erdachte Bild in ein konkret realisiertes Kunstwerk umzuwandeln. Auch wenn er später an Sebastian über seinen Auftrag in Straßburg schreibt, bei dem er für einen reichen Herrn eine *„Heilige Familie"*[260] malen soll, versucht er in der Madonna die Gestalt Maries umzusetzen.[261] Dennoch gelingt es Sternbald nicht, ein Ebenbild seiner geliebten Unbekannten zu Papier zu bringen und *„keiner seiner Striche [scheint ihm] Ausdruck und Würde genug"*[262] zu haben, um ihrer Schönheit gerecht zu werden. Dient Marie Franz somit einerseits als lang währende Muse, die immer wieder aufs Neue seinen „künstlerischen Ehrgeiz" weckt, so stellt sich aber gleichzeitig auch die Frage, ob nicht beim liebenden Sternbald durch eine künftig mögliche Nähe und Gegenwart der Geliebten jene künstlerische Motivation ausbleiben könne und diese somit durch die Anwesenheit der Angebeteten gefährdet würde.[263] Denn gerade von ihrer Unerreichbar-

256 Sternbald, S. 79,33-34.

257 Diese sich regende Lust zur künstlerischen Tätigkeit bewegt Sternbald zu folgender Aussage: *„Der Geist ist in ewiger Arbeit, im rastlosen Streben, sich aus den Ketten aufzurichten, die ihn im Körper zu Boden halten."* (Sternbald, S. 201,1-4)

258 Sternbald, S. 88,12-13.

259 Ebenda, S. 88,15-17.

260 Ebenda, S. 201,13.

261 Hierzu heißt es im *Sternbald*: *„In der Madonna habe ich gesucht, die Gestalt hinzuzeichnen, die mein Inneres erleuchtet, die geistige Flamme, bei der ich mich selbst sehe[...] Es war beim Malen unaufhörlich derselbe Kampf zwischen Deutlichkeit und Ungewißheit in mir, und darüber ist es mir vielleicht nur gelungen."* (Sternbald, S. 201,15-23)

262 Sternbald, S. 88,34-35.

263 Sternbald selbst verfällt kurzzeitig auf diesen Gedanken, wenn er fragt: *„Wenn ich sie einst finden sollte, würde dann vielleicht mein Künstlertalent seine Endschaft erreicht haben? – Nein, ich will es nicht glauben."* (Sternbald, S. 202,7-9) Diese Problematik greift zum Beispiel Christoph Brecht auf, wenn er im Verhältnis von Sternbalds Suche nach seiner Geliebten und seiner Künstlerexistenz *„ein äußerst zweideutiges Unternehmen"* erkennen will. (Brecht, Christoph: Die gefährliche Rede. Sprachreflexion und Erzählstruktur in der Prosa Ludwig Tiecks (Studien zur deutschen Literatur, Bd. 126), Tübingen 1993, S. 87) Und auch Lothar Pikulik greift jene Frage nach einer möglichen Unvereinbarkeit von Liebe und Kunst auf, wenn es heißt: *„Ist es für den Liebenden wirklich ein Glück, wenn er seine Geliebte in Besitz nimmt? Ist zumal beim*

keit zehrt sowohl die Liebe als auch der Wunsch nach künstlerischer Gestaltungskraft, die sich in Sternbald vereinen und so könnte mit der Erfüllung seiner Sehnsüchte gleichzeitig ein Verlust seiner Schaffenskraft einhergehen. Allerdings wird ein solches „Scheitern" im Sternbald nirgends angedeutet.[264] Vielmehr wird eine versöhnliche Verbindung zwischen den beiden Zielen Sternbalds[265] schon dann greifbar, wenn Sternbald in der gefundenen Brieftasche Maries lobpreisende Worte zu Lukas von Leyden und Albrecht Dürer zu Papier gebracht sieht,[266] und sich damit ein einvernehmendes Kunstverständnis offenbart. So scheint Marie nicht im Gegensatz zu Sternbalds Kunstauffassung zu stehen und muss somit nicht zwangsläufig als eine Gefahr für sein künstlerisches Potential auftreten, sondern kann vielmehr als motivierende Kraft und Sehnsuchtsziel Sternbalds gesehen werden.

1.2 Marie als treibende Kraft und finales Ziel der Reise

Marie ist als verklärte und bis ins Ungreifbare entrückte Idealfigur gleichzeitig Teil der ersehnten Ferne Sternbalds, und wird somit zum Ziel seiner Reise.[267] Die Sehnsucht nach der Ferne der Welt begründet die dynamische Motivation seines Wanderns, und mit Marie als Endziel, trägt sie dazu bei, dass er seinen Weg nicht aus den Augen verliert. Wenn Sternbald am Ende seiner Reise in Rom, der ihm so heiligen Stadt, eintrifft, findet er hier nicht nur die großartigste Malerei, sondern auch seine geliebte Unbekannte, zu der all die Zeit wirklich unterwegs gewesen war. Die Suche nach Marie zieht sich wie ein roter Faden durch die Romanhandlung. Wenn sich Sternbald zu Beginn seiner Reise im heimatlichen Wald, durch den Klang eines Waldhorns in-

---

liebenden Künstler durch die Nähe und Gegenwart der Geliebten nicht die künstlerische Potenz gefährdet?" (Pikulik, S. 378)

264 Auch Sternbald selbst hegt wohl keinerlei Zweifel, denn er schreibt: *„Die Gestalt, die Blicke, der Zug des Mundes, alles steht deutlich vor mir und doch wieder nicht deutlich, denn es dämmert dann wie eine ungewisse, vorüberschwebende Erscheinung vor meiner Seele, daß ich es festhalten möchte und Sinnen und Erinnerung brünstig ausstrecke, um es wirklich und wahrlich zu gewahren und zu meinem Eigentum zu machen."* (Sternbald, S. 200,25-32)

265 Hier das der Liebe und des Künstlertums.

266 Vgl. Sternbald S. 75.

267 Jene Verbindung von Ferne und Liebe zeigt sich auch in Sternbalds Gedicht über die Liebe:

In der Ferne geht die Liebe, Ungekannt durch Nacht und Schatten,
Ach! Wozu, daß ich hier bliebe, Auf den vaterländ'schen Matten?
Wie mit süßen Flötenstimmen, Rufen alle goldnen Sterne:
Weit muß manche Woge schwimmen, Deine Lieb' ist in der Ferne. (…)
(Sternbald, S, 84,15-22)

spiriert, höchst emotional an die kindliche Begegnung mit Marie zurückerinnert, deutet sich bereits an, was im zweiten Treffen fortgesetzt wird: Marie wird zum Ziel der höchsten Sehnsüchte Sternbalds, zur treibenden Kraft auf seinem Weg und zum Ziel seiner Suche. Die Feldblumen und der Klang des Waldhorns werden zu Leitmotiven, die Sternbald immer wieder an seine Geliebte erinnern[268]. Auch die endgültige Vereinigung der Liebenden wird vom Klang der Waldhorntöne begleitet.[269] Wie bei der Suche nach den Eltern, so sind auch bei der Suche nach Marie Erinnerung und Ahnung, Vergangenheit und Zukunft auf wundersame Weise ineinander verschlungen; wieder bedeutet jeder Schritt auf das Ziel hin zugleich einen Schritt zurück in die Vergangenheit und so wird im Fortsetzungsfragment die Wiedervereinigung der beiden Liebenden auch als eine Verschmelzung von Vergangenheit und Zukunft, von Sehnsucht und Kindheitserinnerung gefeiert.[270] Marie wird mehr als alles andere zum Fixpunkt seiner Reise. Ihr Angesicht erscheint auf Sternbalds Gemälden, sie ist die Seele seiner sehnsuchtsvollen Gesänge, die Lichtgestalt seiner Träume. Der Gedanke an die Geliebte bewahrt Sternbald vor dem Versinken in bloßem Sinnengenuss, hindert ihn daran, seine Wanderschaft frühzeitig abzubrechen oder vorzeitige Bindungen einzugehen. Selbst die bestimmte Nachricht von ihrem Tod, vermag das sehnende Hoffen Sternbalds nicht dauerhaft zu zerstören. So wird Marie zum eigentlichen Triebwerk und zur Verkörperung der romantischen Sehnsucht der Reise Sternbalds.

Mit dem Finden seiner Marie findet er auch zu sich selbst,[271] und so kann das offene Ende in Tiecks Roman als natürlicher Abschluss der

268 So zum Beispiel als Sternbald, auf dem Schloss der Gräfin weilend, durch die Hörnerklänge, die er aus der Ferne vernimmt erneut schmerzlich an Marie erinnert wird: *„Müssen mich diese Töne durch mein ganzes Leben verfolgen?“* (Stenbald, S. 240, 27-28)

269 Das Waldhorn wird als typisch romantisches Motiv des Träumens und der Realitätsferne immer wieder von Tieck in Verbindung mit der „Liebesgeschichte“ aufgenommen. So auch zum Schluss: *„…das Waldhorn phantasierte mit herzdurchdringenden Tönen, er drückte sie an sich und küßte sie […]Das Waldhorn verstummte, er sammelte sich wieder.“* (Sternbald, S. 399,6-12)

270 So bezeichnet es auch Marie, wenn sie sagt. *„Oh glückliche Gegenwart! Nun sind Vergangenheit und Zukunft verschwunden, die Ewigkeit ist in die Zeit gedrungen.“* Und auch Sternbald greift diesen Gedanken auf: *„Die Vergangenheit ist Gegenwart geworden […], Hoffnung und Glauben sind im schönsten Bunde vereinigt.“* (Sternbald Fortsetzungsfragment, S. 496)

271 Auf jenes Doppelziel, das Rom für Sternbald darstellt, weist auch Johannes P. Kern hin: *„Rom als die ewige Stadt […] ist der Inbegriff für das Bewahrende, für*

Romanhandlung stehen bleiben. Das für Sternbald versöhnliche Ende zeigt sich deutlich dann, wenn er gegenüber seiner endlich gefundenen Geliebten davon spricht, dass *„von diesem Augenblick an [...] erst"*[272] sein Leben beginne, und er mit diesen Worten die endgültige Befreiung von seinen, durch die unerfüllte Liebe verursachten, seelischen Qualen feiert.

2 Emma und Lenore - „Zwischenstationen" auf dem Weg zu Marie

Für Sternbald und auch für den Leser ist von vornherein klar, dass Marie die einzige Frau sein kann, die Franz zur Ruhe kommen lässt und in welcher er die vollkommene Erfüllung seiner Sehnsüchte erreichen kann. Auch wenn Franz mehrmals auf seinem Weg in die Gefahr gerät, seinen Trieb zu vernachlässigen und immer wieder auch in Berührung mit anderen Frauen kommt[273], wird ihm die Unzulänglichkeit jener Verbindungen immer wieder rechtzeitig bewusst, und zwar begründet in einer Rückbesinnung auf Marie, auch selbst dann noch, wenn er sich ihres Todes versichert zu sein glaubt. Hier sollen Emma und Lenore exemplarisch für all jene Frauenfiguren stehen, die Sternbald zwar in Versuchung führen, ihn aber nicht von seiner eigentlichen Suche abzubringen vermögen. Marie bleibt einziges Ziel, und in der Zusammenführung der beiden Liebenden am Ende des Romans wird die manchmal als sinnlos erscheinende Abwendung von allen anderen Frauen relativiert und als einzig logische Konsequenz des Handelns Sternbalds offensichtlich.

---

das Sammeln und Erhalten [...] Die Vereinigung mit ihr [Marie] bedeutet sein Zu-sich-selbst-Finden. Rom bietet sie ihm. Sternblad hatte alles durchstanden, was ihn von seinem Weg hätte ablenken können. Er findet an den Mittelpunkt seiner Welt - seine Welt bleibt heil." (Kern, Johannes P.: Ludwig Tieck. Dichter einer Krise (Poesie und Wissenschaft, Bd. XVIII), Heidelberg 1977, S. 45)

272 Sternbald, S. 399,20-21.

273 Es sei hier erinnert an die Situation, wenn Franz in der Annahme der vermeintlichen Liebe Saras, eine mögliche Verbindung mit ihr abwägt (vgl. Erster Teil, 2. Buch, 5. Kapitel). Ferner die Faszination, die die Gräfin auf ihn ausübt, und deren Porträt sich mit dem Bild seiner Geliebten zu vermischen scheint (vgl. Zweiter Teil, Erstes Buch, 5. Kapitel), oder auch die Verehrung, die Franz der schönen Novizin entgegenbringt, und durch deren Brief, den er zunächst als für ihn bestimmt vermutet, er einen Wendpunkt seines Lebens gekommen glaubt. (vgl. Zweiter Teil, Zweites Buch, Zweites Kapitel, S. 363).

2.1 Emma - Geliebte aber nicht die Liebe Sternbalds

Bezeichnend für die Begegnung mit Emma ist, dass Sternbald sie an jenem Tag trifft, an welchem er die Nachricht über den vermeintlichen Tod Maries erhält. In tiefer Trauer über seinen vermeintlichen Verlust, scheint Sternbald das Ende seiner *„Jugend beschlossen"*[274] und sein Leben dünkt ihm vorüber zu sein.[275] Vor Florestan verbirgt er sein Geheimnis jetzt umso stärker, als er dessen Spott fürchtet. Die Aussicht auf das von Florestan verrichtete Fest mag seine Trauer nicht zu lindern, vielmehr erscheint ihm die Aussicht auf geselliges Beisammensein als Gift für seine seelische Verstimmung. Er wehrt sich zunächst gegen die Freude und *„sucht seine Traurigkeit"*[276], kann aber der Unbeschwertheit des Tages nicht entgehen. So lässt sich Sternbald von dem *„helle[n], liebliche[n] Strom"*[277] mitreißen und vergisst in der Leichtigkeit der Gegenwart, *„was er verloren hatte"*[278]. Schon hier deutet sich an, was sich später in der auf Sternbald wirkenden Sinneskultur der Italiener wiederholt. Der Taumel in der Sinnlichkeit und Leichtigkeit des Festes, lässt ihn die Gedanken an seine Liebe verdrängen und für kurze Zeit die seelischen Schmerzen vergessen. In der blonden Emma, die mit ihren *„lieblichen Augen"*[279] die Aufmerksamkeit Sternbalds auf sich zieht, findet er Ablenkung von seiner Trauer. Ihre Bewegungen erscheinen ihm wie die *„eine[r] Göttin"*[280] und im Laufe des Tages empfindet er sie als *„immer schöner"*[281]. Dennoch erscheint die Zuneigung zu Emma zunächst nur als ein rein sinnlich-sexuelles Interesse Sternbalds. Er betrachtet mit *„lüsterne[m] Auge"*[282] den *„hebenden Busen"*[283], die *„zierliche Wade"*[284] und die *„weißen Schenkel"*[285] und im fortschreitenden Tag erhält Sternbald so *„manchen herzlichen Kuß von seiner Blonden"*[286]. Im

274 Sternbald, S. 267,1-2.

275 Auch hier wird die Sonderstellung Maries im Leben Sternbalds wieder deutlich, wenn ihm sogar die Kunst im Angesicht ihres Todes als wertlos erscheint: *„Was soll mir Kunst, was Ruhm, wenn sie nicht mehr ist, der ich alles zu Füßen legen wollte?"* (Ebenda, S. 267,14-16)

276 Ebenda, S. 268,35.

277 Ebenda, S. 268,36.

278 Ebenda, S. 269,2.

279 Sternbald, S. 269,5.

280 Ebenda, S. 269, 26.

281 Ebenda, S. 269,27-28.

282 Ebenda, S. 269,31-32.

283 Ebenda, S. 269,5-6.

284 Ebenda, S. 269,29-30.

285 Ebenda, S. 269,32.

286 Ebenda, S. 270,27-28.

Schutz der nächtlichen Dunkelheit wagt es Sternbald sogar, Emma noch näher zu kommen und sie trennen sich mit einem Kuss. Das junge Paar trifft sich von nun an regelmäßig und der Gedanke an die notwendige Weiterreise stimmt Sternbald diesbezüglich traurig. Sternbald wird gegenüber Emma immer *„ungestümer und ungeduldiger"*[287], vermag aber auch im Angesicht seiner Beziehung zu Emma nicht über seine Ungenügsamkeit hinwegzusehen und betrachtet dann oft *„mit wehmütiger Ungeduld das Bild seiner ehemaligen Geliebten"*[288]. Er versucht, sich ihre Gestalt wieder klar vor sein Auge zu führen, scheitert aber an den *„ehernen Banden [...] der Gegenwart"*[289], die ihn fest- und von der Vergangenheit fernhalten. Seine eigene Wankelmütigkeit äußert sich in der scharfen Kritik an Florestan, den er der Überbewertung der reinen Sinnenfreude anklagt.[290] Ihm ist das Ungenügen der reinen Sinnenfreude bewusst und da er selbst nicht sicher sagen kann, ob er verliebt ist[291], ermahnt ihn nicht nur Florestan zur Weiterreise, sondern er selbst weiß, wenn auch unwillig, um die Notwendigkeit seines Aufbruchs. Ein letztes Mal trifft er im Wald auf Emma und *„die dichten Gebüsche [werden] Zeugen ihrer Versöhnung und ihres Glücks."*[292]

Später wird Sternbald Emma noch einmal gedenken, wenn er während seiner Arbeit im Kloster das Bild seiner Unbekannten zur Hand nimmt, darin aber Emma zu erkennen meint. Einmal mehr wird sie zum Gegenbild Maries und Heinrich vermag kaum sich zwischen *„der Heiterkeit seiner Phantasie bei Emmas Angedenken"*[293] und dem *„Zauberlicht [...] des teuren Angesichts"*[294] seiner Geliebten zu entscheiden. Jener Zwiespalt bringt ihn zum Weinen, aber bekanntlich schafft es Marie zurück in die Gedanken Sternbalds und wird letztendlich, anders als es Emma je vermocht hätte, zum finalen Glück Sternbalds.

---

287 Ebenda, S. 271,18-19.

288 Ebenda, S. 271,24-25.

289 Ebenda, S. 271,27-28.

290 So spricht er zu Florestan: *„Sprich wie du willst, ich werde niemals deiner Meinung sein. Man kann sich in einem leichtsinnigen Augenblicke vergessen, aber wenn man freiwillig den Sinnen den Sieg über sich selbst einräumt, so erniedrigt man sich dadurch unter sich selbst."* (Sternbald, S. 277,5-10)

291 vgl. Sternbald, S. 275,17.

292 Sternbald, S. 279,10-11.

293 Ebenda, S. 356,6-7.

294 Ebenda, S. 356,8-10.

2.2 Lenore - Verkörperung der italienischen Sinnenfreude

Mit Lenore trifft Franz zum letzten Mal vor dem Finden seiner Unbekannten auf eine Frau, die seine Treue zu Marie noch einmal auf die Probe stellt. Ehe er sich versieht, bindet er sich an das *„leichte, flatterhafte"*[295] Wesen Lenores, obgleich er schon zu Beginn ihrer „Freundschaft" spürt, dass er sie eigentlich *„verdammen"*[296] müsse. Dennoch ist er *„zu schwach, dies Band wieder zu zerreißen"*[297] und wird einmal mehr gefangen von der greifbaren Zuneigung, die sie ihm, ganz anders als die vermeintlich gestorbene Marie, entgegenzubringen vermag. Lenore repräsentiert all das, was Franz in der Künstlergesellschaft in Florenz verwirklicht sieht: Leichtigkeit und Lebensgenuss, Sinnenfreude und Fröhlichkeit. Franz Rustici lädt Sternbald ein, zu einem Fest, *„wie es sich für Künstler ziemt"*[298] und Lenore begleitet ihn. Wieder im Rahmen eines Festes also, wie schon zuvor bei der Begegnung mit Emma, wird Sternbald von der Lebendigkeit der Festgesellschaft wie berauscht[299] und fühlt sich *„wie in Trunkenheit verloren"*[300]. Auffällig ist hierbei, dass Sternbald seiner Begleitung Lenore weniger Aufmerksamkeit schenkt, als der schönen Laura, die ihr offensichtliches Interesse an dem jungen Künstler nicht zurückhält, vielmehr gemeinsam mit Lenore in das *„Wechselliedchen"*[301] um die Gunst des Angebeteten einstimmt. Schon in jenem Interesse Sternbalds, das er der fremden Laura entgegenbringt, zeigt sich die Unzulänglichkeit der Beziehung zu Lenore, die ihm nur in der Verwirrung der neuen vielfältigen Eindrücke als geeignete Partnerin erscheinen kann. Franz weiß um sein Ungenügen an jener Beziehung, fühlt bald *„innig, daß er sie nicht liebe"*[302] und trennt sich von ihr.

Im Angesicht des *„bisherigen Leichtsinn[s] seiner Lebensweise"*[303] fühlt sich Franz nüchtern und leer, und besinnt sich zurück auf Dürer, Sebastian und seine Marie, die er in der Konfrontation mit der neuen Leichtigkeit seines Italienaufenthaltes beinahe *„aus seinem Gedächtnis verlo-*

295 Ebenda, S. 374,13.

296 Ebenda, S. 14.

297 Ebenda, S. 374,17-18.

298 Ebenda, S. 375,9-10.

299 Bezeichnend hierfür sind Sternbalds Gedanken, die er zum Lebensgenuss der Italiener äußert: *„ In Italien ist es, wo die Wollust die Vögel zum Singen antreibt, wo jeder kühle Baumschatten Liebe duftet, wo es dem Bache in den Mund gelegt ist, von Wonne zu rieseln und zu scherzen..."* (Sternbald, S. 380,10-13)

300 Sternbald, S. 389,1.

301 Sternbald, S. 383,4.

302 Ebenda, S. 397,14.

303 Ebenda, S. 397,10-11.

ren"[304] hatte. Als er einmal mehr das Bild Maries betrachtet, fällt ihm der schicksalhafte Brief der Gräfin in die Hände, der ihn zu seiner Geliebten führt und mit ihrem Finden verlieren alle Gedanken an andere Frauen ihre Bedeutung, die ohnehin nur Zwischenstationen auf dem Weg zu Marie markieren konnten.

Damit verwährt Gottfried Keller, dem in seinem Leben selbst keine erfüllte Liebe gegönnt war, auch seinem Helden das Glück einer funktionierenden Beziehung.[305] Ludwig Tieck hingegen, der, selbst Ehemann und Familienvater, zeitlebens eine andere Frau liebte[306], ermöglicht Sternbald die Vereinigung mit der Geliebten und deutet die Möglichkeit einer erfüllten Zukunft immerhin an. Wenn Keller seine Frauenfiguren als *„gedichtete Bilder"*[307] beschreibt, so erscheint insbesondere die Figur Maries in Tiecks Roman als schattenhafte Idealfigur, die erst am Ende der Reise an Kontur gewinnt. Zunächst als ungreifbare Unbekannte dem Zugriff Sternbalds vollkommen entzogen, behält sie ihre „Sonderstellung" auch noch über ihren vermeintlichen Tod hinaus.

Ganz anders ist es bei Heinrich, der den Tod Annas fast schon als Befreiung empfindet, mit ihrem Verlust aber gleichzeitig auch die Trennung von Judith vollzieht, da ihm die Unmöglichkeit einer Verbindung mit der *„reizende[n] Pamona"*[308] nach Annas Tod paradoxerweise als noch evidenter, und eine fortdauernde Beziehung zu Judith als noch größere Untreue erscheint, als noch zu deren Lebzeiten. So verliert er mit Anna gleich beide Geliebten und findet erst am Ende seines Weges in Dortchen wieder, was er an Anna und Judith verloren hatte. Dortchen vereint in ihrer Person, was sich in der Doppelliebe zu Ju-

---

304 Ebenda, S. 397,23.

305 Sabine Brandenburg-Frank sieht das Scheitern der Liebesbeziehungen Heinrichs als Konsequenz der Unvereinbarkeit von Bild und Wirklichkeit, ebenso wie die gescheiterte berufliche Laufbahn, die sie aus einer ebensolchen Unvereinbarkeit von Dichtung und Malerei begründet sieht. (Brandenburg-Frank, Sabine: Mignon und Meret. Schwellenkinder Goethes und Gottfried Kellers (Würzburger Wissenschaftliche Schriften, Reihe Literaturwissenschaft, Bd. 393), Würzburg 2002, S. 237.

306 Jene andere Frau ist Henriette von Finckenstein, in der er zeitlebens (vielmehr als in seiner Frau Amalie) einen dauernden Halt fand und die für ihn das *„geliebteste, treuste, liebevollste und liebenswürdigste Wesen"* war. (Aus einem Brief Tiecks an Ida von Lüttichau vom 9. September 1849, hier zitiert aus Klaus Günzel: Ludwig Tieck, S. 452)

307 Keller, Sämtliche Werke 21, S. 21.

308 Der Grüne Heinrich, S. 231,26.

dith und Anna erst ergänzen musste: körperliche und geistige Liebe,[309] die aber auch hier aufgrund der Liebeshemmung Heinrichs unvollendet bleiben muss. Was Heinrich also erst am Ende seiner Reise findet, manifestiert sich für Sternbald dauerhaft im realitätsentrückten Bild seiner Unbekannten. Wenn bei Heinrich die Beziehungen daran scheitern, dass er selbst unfähig zu einer funktionierenden Partnerschaft ist[310], beendet Sternbald seine Bekanntschaften immer wieder in der Rückbesinnung auf Marie, selbst dann noch, wenn er sie für tot hält. Ihm ist die Einzigartigkeit seiner Liebe bewusst, und er weiß, dass er das angestrebte Ziel einer erfüllten Liebe und eine Harmonie seiner Gefühle nur mit Marie in Einklang zu bringen vermag. Für Sternbald gleicht die schöne Unbekannte einer schemenhaften Gestalt, die sich immer wieder gleich eines Schattens seiner Vorstellung entzieht. Diese Entkonturierung ihres Bildes, die bei Tieck durch Maries fortdauernde Abwesenheit begründet wird, wiederholt sich bei Keller in abgeänderter Form, wenn sich Judith in der „Heidenstuben-Szene"[311] den Blicken Heinrichs entzieht und es ihm dünkt, *„wie wenn [sie] sich aufgelöst hätte und still in der Natur verschwunden wäre"*[312]. Diese nächtliche, erotisch-mystische Begegnung mit Judith, bei welcher *„der Mond ein geheimnisvolles Netz von Dunkel und Licht zittern"*[313] lässt, erinnert in ihrer gesamten Darstellung an Eichendorffs Marmorbild, und gemahnt auch in ihrer Motivverwendung an typisch romantisches Erzählen.[314] Wenn sich die nackte Judith aus dem Wasser auf Heinrich zu bewegt,

309 Gert Sautermeister spricht diesbezüglich vom *„gespaltenen Eros"* (Sautermeister, Gert: Gottfried Keller, S. 301) und auch Heinrich selbst erkennt seine eigene Zerrissenheit, wenn er sagt: *„Ich fühle mein Wesen in zwei Theile gespalten und hätte mich vor Anna bei der Judith und vor Judith bei der Anna verbergen mögen."* (Der Grüne Heinrich, S. 470,25-27)

310 Diese Beziehungsunfähigkeit Heinrichs wird immer wieder in Verbindung mit seinem Narzissmus gesehen, der bei seiner Stilisierung der Frauenbilder am Werke ist. (So beispielsweise Anne Brenner (Brenner: Leseräume, S. 118), oder auch Gerhard Kaiser, der ihn als *„Narziß Heinrich"* bezeichnet (Kaiser, Gerhard: Das gedichtete Leben, S. 101))

311 Diese Bezeichnung für die „Badeepisode" Judiths wird hier übernommen von Anne Brenner. (Brenner: Leseräume, Kap. 7.1. „Die Lorelei entzieht sich - der Künstler zieht nach, S. 110 ff.)

312 Der Grüne Heinrich, S. 540,1-2.

313 Ebenda, S. 539,30-32. Begriffe wie die des „Schwimmens" und des „Zitterns" werden gerade bei Novalis häufig gebraucht, und auch in Tiecks *Sternbald* findet man gleich zu Beginn jene Vokabel, wenn es heißt: *„Rote Lichter* ***zitterten*** *an den Spitzen der Halme, und der Morgenwind rührte sich darin und machte Wellen."* (Sternbald, S. 12,25-27)

314 So beispielsweise „Nacht", „Mond", „Wasser", „Liebe", „Dämonisches" und „Gesang".

erstarrt sie im nächsten Moment in seinem Anblick und gleicht in seinen Augen einem *„über lebensgroßen alten Marmorbilde"*[315]. Sie scheint zu schweben, zu schimmern, aus sich heraus zu leuchten[316] und erscheint als erhabene Herrscherin über die nächtliche Natur. Jene hypertrophe Wahrnehmung Heinrichs mag einem generellen Kritikpunkt Kellers an der obsessiven Genauigkeit des Realismus entspringen.[317] Diese Szene könnte in ihrer mystisch-geisterhaften Überhöhung ebenso bei Tieck vorkommen. Was für die, bis ins Ungreifbare entrückte Darstellung Maries gilt, zeigt sich auch hier in der Szene der realitätsverklärten Begegnung mit Judith: Die Geliebte wird zum Bild, zur personifizierten Verführung und während Heinrich vor jener zu fliehen[318] versucht ist Sternbald fortwährend auf dem Weg zu ihr.[319] So bleiben beide Helden auf dem Weg zu sich selbst auch immer auf dem Weg hin zu einer erfüllenden Liebe. Vielleicht kann man gerade in der Beschreibung der Liebe auch Elemente des romantischen Künstlerromans in Kellers Werk erkennen, ist es ja gerade die Liebe, die durch romantische Verklärung ihren adäquatesten Ausdruck erhalten kann.

315 Der Grüne Heinrich, S. 541,9-10.

316 Ebenda, S. 541.

317 Darauf weist beispielsweise Christian Begemann hin. (Begemann, Christian: Ein Mantel, doktrinäre Physiognomisten und eine grundlose Schönheit. Körpersemiotik und Realismus bei Gottfried Keller, in: Methodisch reflektiertes Interpretieren. Festschrift für Hartmut Laufhütte zum 60. Geburtstag, hg. v. Hans-Peter Ecker, Passau 1997, S. 351)

318 *„...ich [...] ging mit jedem Schritt, den sie vorwärts that, wie ein Krebs einen Schritt rückwärts..."* (Der Grüne Heinrich, S. 541,15-16)

319 Freilich sei hier zu bedenken, dass dieser so gewaltige Eindruck, den Judith auf Heinrich macht in dieser Intensität auf die Bade-Szene beschränkt bleibt, und Sternbald hingegen auf seinem ganzen Weg mit gleich bleibender Liebe auf Marie zustrebt.

V Religion und Gottesbild - ambivalente Gottesbeziehung vs. Pantheistisches Gotteserlebnis

Bevor nun im letzten Kapitel das für beide Romane so bedeutsame Motiv der Kunst näher betrachtet werden soll, lohnt es sich noch, einen kurzen Blick auf die Gottesbilder beider Helden zu werfen. Eine direkte Gottesbeziehung zeigt sich bei Heinrich viel deutlicher als bei Sternbald, da Keller das Gottesbild Heinrichs einer ständigen Veränderung unterzieht und somit die „Beziehung" zwischen Heinrich und Gott viel stärker thematisiert, als es Tieck bei Sternbald tut. Zwar werden auch im *Sternbald* Gott und Religion in die Gespräche integriert, aber ein zutiefst religiöser Grundcharakter des Romans ist nicht zu erkennen. Vielmehr wird bei Tieck die Kunst zur Religion stilisiert und es gleicht einer Apotheose, wenn Sternbald Künstler wie Raffael als beinahe transzendente Künstlergenies zum Mittelpunkt seiner Verehrung erwählt.[320] Gott erscheint für Sternbald nicht als richtungsweisende Instanz, wird nicht wie bei Heinrich zur „Problemfigur", der letztendlich der Rücken zugewandt wird, sondern erscheint in direkter Verbindung zur Kunst und im Gefühl einer pantheistischen Welterfahrung. Während der junge Tieck stets im Bewusstsein einer höheren Sehnsucht nach einem Erleben Gottes und nach Erkenntnis der Welt zu leben scheint[321], mag in Kellers religiösem Skeptizismus der materielle Atheismus Feuerbachs[322] mitschwingen. So erklärt sich schon aus der Biographie beider Dichter auch die unterschiedliche Gewichtung und Darstellung zweier unterschiedlicher Religionsverständnisse, die

---

320 Auf jene von Tieck geschaffene „Kunst-Religion" wird im Kapitel V2, 1.2. noch genauer eingegangen werden.

321 Jenes Erkenntnisstreben Tiecks beschreibt auch Erna Görte: *„Wohl ist auch bei ihm [Tieck] der Sinneseindruck die erste Voraussetzung aller ErkenntniS. Erkenntnis und Erleben Gottes werden aber nur möglich in dem Zustand eines erhöhten Gefühls, des Enthusiasmus…"* (Görte, Erna: Der junge Tieck und die Aufklärung (Germanistische Studien, Heft 45), Berlin 1926, S. 25)

322 Auf den Einfluss, den Ludwig Feuerbach bekanntlich auf Keller ausübte, weist ausführlich Friedrich Hildt in seinem Werk zu Gottfried Keller hin. So heißt es hier beispielsweise: *„Nach und nach verwandelt sich die Faszination durch die Persönlichkeit Feuerbachs zur Faszination durch dessen Gedankengut. […] Der Literat macht sich den atheistischen Materialismus des Philosophen zu eigen und begründet damit eine dezidiert materialistische Weltanschauung."* (Hildt, Friedrich: Gottfried Keller. Literarische Verheißung und Kritik der bürgerlichen Gesellschaft im Romanwerk (Abhandlungen zur Kunst-, Musik- und Literaturwissenschaft, Bd. 275), Bonn 1978, S. 117)

bei Heinrich in einem sich wandelnden Gottesbild, bei Sternbald in der höheren Erfahrung einer Kunstreligion ihren Ausdruck finden.

V.I Die „Metamorphose" des Gottesbildes im *Grünen Heinrich*

Analog zu Heinrichs Entwicklung steht in Kellers Roman auch die Entwicklung seines Gottesbildes. Sein angenommenes Bild eines Schöpfergottes und die quasi-dialogische Verbindung zwischen Heinrich und Gott erfahren mehrere Male auch Kritik von Seiten Heinrichs, die gerade in seiner strikten Ablehnung eines Katechismus-Gottes gipfelt, wenn er hierin die Verkörperung eines unlebendigen Gottes verwirklicht sieht. In Verbindung mit seinem Scheitern verkehrt Heinrich „seinen" Gott zu einem „Helfer in der Not", den er um Errettung bittet und in seiner Begegnung mit Dortchen wird Heinrich mit einem atheistischen Lebensgefühl konfrontiert. Abgesehen von jenen konkreten Gottesvorstellungen Heinrichs erscheint ihm Gott auch in Verbindung mit ganz verschiedenen Bereichen des Lebens. In der Apotheose Annas beispielsweise zeigt sich deutlich, dass Heinrich sich unmöglich mit der Unmittelbarkeit seiner Gefühle zufrieden geben kann. Vielmehr resultiert aus seiner Beziehungsunfähigkeit eine Hilflosigkeit, die ihn dazu führt, jene Liebesbeziehung in eine *„quasi religiöse Form"*[323] zu kleiden. Aus der reinen Person Annas scheint ihm Gott entgegen zu scheinen. Damit entrückt er die Beziehung zu Anna in eine transzendente Sphäre, so dass ihr jegliche Möglichkeit einer realen Verwirklichung genommen wird, und Heinrich somit quasi mit ihrer Vergöttlichung einer realen Auseinandersetzung mit seinem eigenen Ungenügen entgehen kann. In diesem Zusammenhang dient ihm die göttliche Außerweltlichkeit als Fluchtpunkt vor seinem eigenen Selbst. Doch Heinrich äußert sich auch kritisch gegen die christliche Religion, wenngleich trotz aller Kritik die Existenz Gottes von ihm nicht negiert wird. Vielmehr gründet sich sein Skeptizismus auf der Gewissheit von dessen Existenz. Selbst in seiner „gottlosen Zeit" bleibt Gott als vorhandene Leerstelle in Heinrichs Suche nach Selbstverwirklichung eingeprägt und so bleibt das Gottesbild Heinrichs, gerade in seiner Wandelbarkeit, stets lebendig.

323 Spies, Bernhard: Behauptete Synthesis, S. 43.

1 Der Gott der Kindheit

Heinrichs Glaube wird bereits in seiner Kindheit begründet. Schon früh beginnt er damit, sich ein ganz eigenes Bild des Schöpfers zu machen, indem er einmal den Wetterhahn der Kirche[324], ein anderes Mal den Tiger aus einem Bilderbuch[325] zu seinem Gott „erwählt". Er bezeichnet diese ersten bildlichen Vorstellungen Gottes als *„ganz innerliche Anschauungen"*[326], die er stets für sich behielt und die in ihm selbst weitere Entwicklungen erfuhren, bis hin zum späteren Gottesbild des erwachsenen Heinrichs.

1.1 Konträre Gottesbilder bei Heinrich und seiner Mutter

Wenn Heinrich sich jene Figuren in seinem kindlichen Gemüt als Abbilder Gottes denkt, so beruht dies bereits auf der Unzulänglichkeit seiner Mutter, die nicht vermag ihrem Sohn ein verständliches Bild Gottes zu vermitteln. Als Heinrich sie danach fragt, ob Gott *„ein Mann"*[327] sei, bezeichnet sie ihn lediglich unbefriedigend als einen *„Geist"*[328] und wenn sie ihm die Berge als *„mächtige Zeugen von Gottes Allmacht"*[329] näherzubringen versucht, können ihre Worte nicht mehr als *„leerer Schall"*[330] für den kleinen Heinrich sein. Als Konsequenz jener unzureichenden Erklärungsversuche seiner Mutter tritt Heinrich bald in ein ganz eigenes Verhältnis zu Gott, mit welchem sich seiner Meinung nach *„allenfalls ein vernünftiges Wort sprechen ließe"*[331].

Während Heinrichs Mutter Gott vorzüglich als den *„Erhalter und Ernährer jeglicher Creatur"*[332] ansieht entwickelt schon der junge Heinrich ein weit vielschichtigeres Gottesbild und auch wenn seine

---

324 Heinrich schreibt über seine kindlichen Eindrücke: *„Das Kirchendach versank nach und nach in grauen Schatten, das Licht klomm an dem Thürmchen hinauf, bis es zuletzt nur noch auf dem goldenen Wetterhahne funkelte, und eines Abends fand ich mich plötzlich des bestimmten Glaubens, daß dieser Hahn Gott sei."* (Der Grüne Heinrich, S. 79,1-5)

325 Diese Erfahrung beschreibt Heinrich folgendermaßen: *„Als ich aber einst ein Bilderbuch bekam, in dem ein prächtig gefärbter Tiger ansehnlich dasitzend abgebildet war, ging meine Vorstellung von Gott allmälig auf diesen über…"* (Der Grüne Heinrich, S. 79,8-11)

326 Der Grüne Heinrich, S. 79,12-13.

327 Ebenda, S. 78,35-36.

328 Ebenda, S. 78,36.

329 Ebenda, S. 78,6-7.

330 Ebenda, S. 78,10.

331 Der Grüne Heinrich, S. 79,27-28.

332 Ebenda, S. 85,34-35.

„gottesfürchtig[e]"[333] Mutter mit *„andauernder Sorge den Grund zu einem unwandelbaren Gottvertrauen"*[334] in ihm legt, muss ihm die alleinige „Ernährerfunktion", die seine Mutter Gott zuschreibt, als zu einseitig erscheinen. Heinrichs Gottesbild ist ein viel lebendigeres als das seiner Mutter und als seine Gebete anfangen *„einen vernünftigen Sinn"*[335] zu enthalten, beschleicht ihn zunehmend die Erkenntnis, dass sich sein Umgang mit Gott *„verschämt zu verschleiern"*[336] beginnt. So mag es sich auch erklären, dass ihm die direkte Äußerung seiner Gebete zunehmend schwerer fällt, da er im lauten Gebet eine Art Scham zu empfinden beginnt. Der Mutter mag er seine Befangenheit nicht zu erklären, wenn er das Rezitieren des von ihr vorgetragenen Gebets verweigert, da jegliches Verständnis ihrerseits bezüglich seiner Absicht *„nicht wahr"*[337] gewesen wäre.

Das nüchterne Gottesverständnis der Mutter kann Heinrich nicht genügen. Er wünscht sich einen Gott der *„innbrünstigen Gottesliebe"*[338], einen Gott, der sich durch eine Stimmung empfinden lässt und gerät dadurch zwangsläufig in den Gegensatz zu seiner *„warm andächtigen"*[339] Mutter.[340] Auch hier, in jenen divergierenden Gottesvorstellungen zeigt sich, was für das Verhältnis zwischen Heinrich und seiner Mutter so bezeichnend ist: gegenseitiges Unverständnis und mangelnde Kommunikationsfähigkeit.

1.2 Gott als Dialogpartner

In jener Zeit, in welcher es zur Herausbildung einer Beziehung zwischen dem jungen Heinrich und dem großen Gott kommt, entwickelt Heinrich einen sehr persönlichen Kontakt mit Gott, einen *„Privatverkehr"*[341], der sich gerade in dem quasi-dialogischen Verhältnis zwischen

333 Ebenda, S. 87,35.
334 Ebenda, S. 88,12-13.
335 Ebenda, S. 87,31.
336 Ebenda, S. 87,30.
337 Ebenda, S. 88,32.
338 Ebenda, S. 88,4.
339 Ebenda, S. 87,34.
340 Auch Falk Strehlow betont jene Gegensätzlichkeit Heinrichs und seiner Mutter: *„Mit kontrastiver Deutlichkeit ist die nebulöse konturenlose Charakterisierung des von Heinrich vermißten Gottes der einfach strukturierten Hierarchie der Gottesvorstellung der Mutter gegenüber gestellt."* (Strehlow, Falk: Mann-Gott-Frau. Motive Modernen Erzählens, Stuttgart 2001, S. 49)
341 Der Grüne Heinrich, S. 137,35.

Heinrich und dem „Adressaten" Gott manifestiert.[342] In Heinrichs Gebeten fungiert Gott als menschlicher Ansprechpartner, mit dem Heinrich seine Experimente betreibt. Er betet im Stillen und seine Kontaktaufnahme zu Gott erfolgt häufig in Form eines Seufzers[343], was erneut zeigt, dass Heinrichs Danksagung und Bitte nicht artikulierbar ist, und das „Gespräch" mit Gott nur in seinem Inneren vorgehen kann. Heinrich fordert Gott heraus, provoziert ihn, verlangt von ihm bewusst *„das Unmögliche oder das Ungerechte"*[344], ruft ihn um Hilfe an[345] oder lacht ihn aus.

Gott wird in Heinrichs Innerem zur variablen Größe, die er in seiner kindlichen Experimentierfreudigkeit verschiedener „Prüfungen" unterzieht. Von blasphemischen Äußerungen[346] hin zur demütigen Dankbarkeit weist Heinrichs reifendes Gottesbild eine ganze Bandbreite von unterschiedlichen Empfindungen auf. In den unterschiedlichsten Situationen erbittet er Gottes Hilfe, vermag aber jene Gottesbeziehung, die ihm zum wichtigen Bestandteil seines jungen Lebens wird, niemals öffentlich oder laut zu äußern, sondern entwickelt sein komplettes Gottesbild im inneren Dialog. Jene Unfähigkeit zur Artikulation seiner Gottesfurcht veranlasst den Erzähler Heinrich zur Rezitation der „Meret-Novelle"[347], die in dem gottlosen Kind die Problematik Heinrichs

---

342 Hermann Boeschenstein betont die sprachliche Experimentierfreudigkeit, mit der sich Heinrich „seinen" Gott erschafft: *„Seine Phntasie bedient sich vor allem einer großen Sprachlust; damit erbaut sich der Knabe fabulierend, schwadronierend und lügend eine eigene, freiere Wirklichkeit."* (Boeschenstein, Hermann: Gottfried Keller, Stuttgart 1969, S. 36)

343 So beispielsweise, wenn ihm seine Mutter die Gebetsverweigerung verzeiht: *„Auf dem Weg zur Schule ließ ich es nicht an einem vergnügten Dankseufzer fehlen für die glückliche Befreiung und Versöhnung."* (Der Grüne Heinrich, S. 89,24-26) Jene Kommunikationsform zwischen Heinrich und Gott wird gleich zu Beginn des Romans näher beschrieben: *„Indem unser Knabe starr nach ihm [Morgenstern] hinsah, that er einen jener stummen, flüchtigen Gebetseufzer, die, wenn sie in Worte zu fassen wären, ungefähr so lauten würden: das ist sehr schön o Gott! Ich danke dir dafür, ich gelobe, das Meinige auch zu thun! Wo und wer du auch seist, habe Nachsicht mit mir, du weißt, wie Alles kommt in deiner Welt, übrigens mache mit mir, was du willst!"* (Der Grüne Heinrich, S. 12,11-17)

344 Ebenda, S. 85,6-7.

345 *„In jeder üblen Lage aber rief ich Gott an und betete in meinem Innern in wenigen wohlgesetzten Worten, wenn die Krisis zu reifen begann, um eine günstige Entscheidung, und um Rettung aus der Gefahr…"* (Ebenda, S. 85,1-5)

346 vgl. ebenda, S. 101/102.

347 Die Parallele zu Heinrich zeigt sich, wenn er davon erzählt, dass das kleine Meretlein niemals dazu gebracht werden konnte, *„die drei höchsten Namen*

in übersteigerter Form aufzugreifen scheint. Das lebendige Dialogverhältnis zwischen Heinrich und Gott bleibt, trotz aller Ironie und paradoxer Wechselspiele, geprägt von einer Suche nach Gott, der Suche nach einem gegenseitigen Austausch und dem Wunsch nach einer angemessenen Umgangsform mit dem „Schöpfer". Jene Suche erreicht ihr vorläufiges Ende, wenn Heinrich bei seinem Streben nach Antworten auf einem Gottesbild verharrt, das einen *„nüchterne[n] [...] Ernährer und Aushelfer"*[348] annimmt und dabei *„zartere Empfindungen oder höhere Gemüthsfreuden"*[349] vermissen lassen muss. Der Respekt gegen Gott bleibt dem jungen Heinrich erhalten, doch wird die Emotionalität seiner Bindung an ihn für eine Zeit lang „eingefroren"[350], was sich gerade in der *„halb gottlose[n] Zeit"*[351] offenbart, die Heinrich über einen längeren Zeitraum[352] gefangen hält. Jenes nüchterne Verhältnis zu Gott schreibt Heinrich eindeutig dem *„Katechismus und seine[n] Handheber[n]"*[353] zu. Ihm dünkt der Katechismus nur geeignet für *„den dürren Verstand bejahrter und verstockter Menschen"*[354], während ihm selbst der Aufenthalt in der Kirche zunehmend *„widerlich"*[355] wird. Seine Katechismuskritik bringt ihn in Distanz zu Gott und so wird ihm dieser vorübergehend *„zu einem prosaischen nüchternen Gedanken"*[356], der seine Beziehung zu Gott auf das Notwendigste reduziert.

2 Der „schweigende" Gott

Schon in der Kindheit deutet sich also die Problematik von Heinrichs Gottesbeziehung an, die in den letzten beiden Bänden des Romans noch einmal eine Wandlung erfährt. Die dialogischen Spiele mit Gott sind verschwunden. Heinrich ist älter geworden und auch Gott scheint

---

der Dreieinigkeit auszusprechen..." (Ebenda, S. 90,6-7). Repräsentativ wird die Geschichte Merets dann in die Jugendgeschichte eingefügt, wenn Heinrich in der Gebetsverweigerung in der Gegenwart seiner Mutter erstmals seine Unfähigkeit zum „lauten" Gebet wahrnimmt.

348 Der Grüne Heinrich, S. 101,2-3.

349 Ebenda, S. 101,5-6.

350 Heinrich schreibt über seine Beziehung zu Gott: *„So sehr ich daher den lieben Gott respectirte und in allen Fällen bedachte, so blieben mir doch die Phantasie und das Gemüth leer, so lange ich keine neue Nahrung schöpfte außer den bisherigen Erfahrungen..."* (Ebenda, S. 101,20-24)

351 Ebenda, S. 139,4.

352 Er selbst spricht von sieben bis acht Jahren. (vgl. ebenda, S. 139,5-6)

353 Ebenda, S. 139,7.

354 Ebenda, S. 136,30.

355 Ebenda, S. 137,30-31.

356 Ebenda, S. 138,11.

ruhiger und schweigsamer zu werden. Heinrich ist nicht mehr auf der Suche nach der Beschaffenheit Gottes, vielmehr nimmt er seine Existenz als selbstverständlich an und mit den veränderten Lebensumständen wandelt sich auch das Verhältnis zu Gott.

2.1 Gott als „Helfer in der Not"

Heinrich wird zum Bittsteller, der gegenüber Gott immer unverhältnismäßigere Forderungen hervorbringt, und seine Danksagungen gleichen vielmehr Schuldbekenntnissen als realer Dankbarkeit. Gott verstummt[357] und Heinrich wird zum alleinigen Sprecher. Das Gespräch mit Gott resultiert eindeutig aus der Hilflosigkeit seiner Person, da er mit der momentanen Lebenssituation nicht mehr klar kommt. So muss Gott als Helfer fungieren und für Heinrich bekommt die Ernährerfunktion Gottes, die er bei seiner Mutter vertreten fand und in ihrer Einseitigkeit stets kritisierte, eine ganz neue Bedeutung. Er bittet ihn um *„das tägliche Brot"*[358] und weiß um die Banalität dieser Bitte, wenngleich sie in seiner momentanen Lage alles andere als banal zu sein scheint.[359] In seiner Hilflosigkeit befallen ihn immer wieder Zweifel am Sinn seiner Gebete und an dem Adressaten Gott überhaupt. Wenn er für das Wohlergehen seiner Mutter betet, meint er die Paradoxie sich kreuzender und somit sich auslöschender Gebete zu erkennen, da er seine Mutter in eben solchem Gebet für sein Wohlbefinden vermutet und so muss Gott in den Augen Heinrichs zum „schweigenden Mittler" werden.[360] Gottes Anteil an der Konversation wird zunehmend rudimen-

---

357 Die von Heinrich gefühlte „Abwesenheit" Gottes zeigt sich, wenn Heinrich über seine Empfindungen schreibt: *„Ruhe zieht das Leben an, Unruhe verscheucht es; Gott hält sich mäuschenstill, darum bewegt sich die Welt um ihm."* (Der Grüne Heinrich, S. 476,17-18)

358 Ebenda, S. 755,8.

359 Heinrich fühlt sich schuldig gegenüber Gott: *„Er bat den lieben Gott sogar um Verzeihung für die Zumuthung, sich mit seiner Ernährung unmittelbar zu behelligen, den natürlichen Lauf der Dinge unterbrechend, während er selbst die Hände in den Schoß gelegt."* (Ebenda, S. 758,13-17)

360 Über seine Zweifel heißt es: *„...dann mußte er sich wieder sagen, daß seine Mutter ohne Zweifel zu hause in der nämlichen Weise Gott für ihr Kind und nicht für sich selbst bitte, und da doch alles beim Alten blieb und Gott in der Mitte der sich kreuzenden flehentlichen Bitten sich ganz still verhielt, so vermehrten starke Zweifel an der Vernünftigkeit dieses ganzen Wesens sein Leid und sein Schuldbewußtsein."* (Ebenda, S. 782,24-31)

tär und zurückbleibt ein *„monologisierender Heinrich"*[361], dessen Gottesbild sich Gott zunehmend als eine rein *„deskriptive Instanz"*[362] erklärt.

2.2 Abwendung von Gott

Wenn Heinrich auf der vorletzten Etappe seiner Reise am Grafenschloss ankommt, findet er hier in der Geborgenheit der Zuneigung seiner „Zweitfamilie" die Möglichkeit, die Konventionalität seiner Gebete zu hinterfragen und diese als *„für den Alltagsgebrauch konditionierte"*[363] Leerstellen endgültig zu beseitigen. Das Gedankengut Feuerbachs[364], das Keller durch die Reden des Grafen anklingen lässt, sowie das atheistische Weltbild der lebensfrohen Dorothea führen Heinrich dazu, Gott zu verdrängen, beziehungsweise ihn nur noch im Gewand des Humors thematisieren zu können.[365] Gott wird durch Begriffe wie Liebe und Hoffnung ersetzt und wird zum Platzhalter für andere Bereiche der Zuversicht. Denn auch die Liebe bleibt, in ihrer von Heinrich vermuteten Einseitigkeit für ihn unfruchtbar und so vermag Gott noch nicht einmal in seiner übertragenen Bedeutung zum Helfer Heinrichs zu avancieren. Heinrich verharrt im Hoffen und schafft es nicht, die Liebesbezeugungen Dortchens anzunehmen und daraus entsprechende Konsequenzen zu ziehen. Heinrich wird zunehmend ergriffen von einem Gefühl der Leere, das sein Herz in der Furcht um die Mutter und der Sehnsucht nach Dortchen immer schwerer werden lässt. Auch Gott vermag diese Lücke nicht mehr zu füllen, vielmehr wird er selbst zur *„leeren Stelle"*[366]. Als Dialogpartner hat Heinrich Gott verloren, spricht zunehmend mit sich selbst[367] und vereinsamt vollends,

361 Strehlow, Falk: Mann-Gott-Frau, S. 57. Treffend beschreibt Falk Strehlow weiterhin: *„Das Gespräch entwickelt sich zum Monolog, Heinrich zum Ausrufer in eine leere Ferne, und Gott verkümmert zum Reflexionsgegenstand in Heinrichs Gedankenwelt"* (Ebenda, S. 57)

362 Ebenda.

363 Strehlow, S. 58.

364 Keller folgte quasi als „frommer Atheist" dem materiellen Atheismus `Feuerbachs und stellt den Protagonisten seines Werkes in eine Gotteskonflikt den Kurt Guggenheim auf Gottfried Keller angewendet folgendermaßen ausdrückt: *„Zwiespalt zwischen Glauben-wollen und nicht-können."* (hier zitiert nach Boeschenstein, S. 19)

365 *„...und ich muß manchmal lachen, wenn ich bedenke, welch' ein lustiges und liebliches Schauspiel es für den guten weisen Gott sein muß, zu sehen, wie ein junger Mensch ihm gern für etwas Gutes danken möchte und sich ganz ehrlich dagegen sperrt aus lauterer Vernunftmäßigkeit!"* (Der Grüne Heinrich, S. 880,31-35)

366 Kaiser, Gerhard: Gottfried Keller, S. 161.

367 *„...bisher hatte er, als ein wohlgeschlossener junger Mensch, noch nie laut gedacht oder vor sich hingesprochen; jetzt zwitscherte und flüsterte er unaufhörlich, wo er*

obwohl die Erfüllung seiner Liebe nur eine Hand breit entfernt vor ihm liegt. Ebenso wie auf dem Weg zur eigenen Selbstverwirklichung scheitert Heinrich auch auf dem Weg zu einem befriedigenden Gottesverhältnis. Sein Gottesbild wird zahlreichen Veränderungen unterworfen und erscheint immer wieder in Verbindung mit dem Motiv des Todes.[368] So stirbt letztendlich nicht nur Heinrich sondern zuvor auch schon seine Beziehung zu Gott. Sein immer währendes Suchen und Hoffen mündet im völligen Rückzug in sich selbst, in dem Gott keinen Platz mehr finden kann.

V.II Gott und Religion bei Franz Sternbald

Während Heinrichs Gottesbild einer ständigen, und zu seiner Entwicklung parallel verlaufenden Veränderung unterzogen ist, so findet sich bei Sternbald ein ganz anderes Gottesverständnis. Bei Tieck wird kein sich entwickelndes, reifendes und letztendlich verblassendes Bild Gottes gezeichnet, vielmehr steht die Religion in einer engen Verbindung zur Kunst und zur Natur und äußert sich in einem pantheistischen Grundgefühl Sternbalds. Wenn man Sternbalds Gottesverständnis und sein religiöses Erleben näher betrachtet, so wird die Parallele zu Tiecks eigener Religiosität augenscheinlich. In den *„dürftigen und glanzlosen Traditionen des Berliner Protestantismus"*[369] aufgewachsen, suchte gerade der junge Tieck in Zeiten der persönlichen Krise immer wieder Zuflucht in der Natur. In ihrer *„geheimnisvollen Stille"*[370] ergriff den jungen Theologiestudenten ein pantheistisches Lebens- und Weltgefühl, das jenseits von allen theologischen Orthodoxien und Konfessionen

---

ging und stand, und als er dies endlich entdeckte, war es ihm schon zur unentbehrlichen Gewohnheit geworden und schaffte ihm einige Erleichterung, weil die stille Luft wenigstens seine Gedanken hören konnte, da sonst Niemand auf der Welt dieselben zu ahnen und zu errathen schien." (Der Grüne Heinrich, S. 891,24-32)

368 Adolf Muschg beschreibt treffend jene Verbindung von Gott und Tod, wenn er schreibt: *„So stehen Gott und Tod in einem genauen Ablösungsverhältnis. Gott radikal in die Welt verlegen heißt, das individuelle Welt-Ende zum Gottesurteil machen."* (Muschg, Adolf: Gottfried Keller, S. 181)

369 Günzel, Klaus: Ludwig Tieck, S. 116.

370 Köpke, Rudolf: Die erste Krise, hier zitiert aus Günzel, Klaus: Ludwig Tieck, S. 83. Wenn Karl Rosenkranz bezüglich der romantischen Schule von einer *„skeptisch-religiösen Entzweiung mit dem Leben"* spricht, kann man dies in eben jener „Weltflucht" Tiecks in die Natur bestätigt sehen. (Rosenkranz, Karl: Ludwig Tieck und die romantische Schule (1838), in: Ludwig Tieck, hg. v. Wulf Segebrecht (Wege der Forschung, Bd. 386), Darmstadt 1976, S. 1-45, S. 3)

stand.[371] Dem religiösen Erleben entspricht also ein Naturgefühl, das, begründet in der Sehnsucht nach göttlicher Erfahrung, die Natur zum Ort des Geheimnisvollen und Metaphysischen erwählt. Ebenso wie bei Sternbald ist auch Tiecks Verhältnis zur Natur psychisch und ästhetisch und steht somit, in Abgrenzung zur rationalen Sicht der Aufklärung, im Kontext romantischen Welterlebens.

1 Sternbalds Gotteserlebnis

Sternbald vereinigt in sich von Anfang an eine religiöse Grundtendenz, die in seiner fortschreitenden Entwicklung zwar durch neue Erfahrungen gefestigt wird, sich aber, anders als bei Heinrich, keinem stetigen Wechsel unterzieht. In einem frommen Elternhaus aufgewachsen[372] und in der Gegenwart Dürers ebenfalls mit religiöser Frömmigkeit konfrontiert, entwickelt sich im Inneren des jungen Sternbald die Basis für sein religiöses Grundgefühl, das er bis zum Ende des Romans beibehalten wird. Immer wieder trifft er auch auf seinem Weg auf Repräsentanten der christlichen Religion, sei es in Form des Pilgers, der Nonnen oder dem vermeintlichen Mönch Roderigo. Überzeugt von einer Einheit von Natur, Religion und Kunst, beginnt sich im künstlerischen Wesen Sternbalds ein Gotteserlebnis zu manifestieren, das seine höchste Erfahrung in der Natur finden kann. Jenes pantheistische Grundgefühl Sternbalds ist typisch für die romantische Sicht der Welt und macht ihn einmal mehr zum typisch romantischen Künstlergenius.

---

371 Jene Gotteserfahrung in der Natur ist logische Konsequenz des Lebensgefühls des jungen Tiecks. So schreibt z.B. Erna Görte: *„Die Lebensstimmung des jungen Tieck ist am deutlichsten bezeichnet durch das Wort „Sehnsucht" nach einem Erleben Gottes und nach Erkenntnis der Welt."* (Görte, Erna: Der junge Tieck und die Aufklärung, S. 25)

372 Die Frömmigkeit im Geiste seines Pflegevaters zeigt sich deutlich in den letzten Gesprächen mit Sternbald. Er fragt ihn, *„ob er auch Gott noch so treu anhange, wie er ihm immer gelehrt habe"* (Sternblad, S. 47,33-34) und fordert ihn auf *„immer fromm und gut"* (Sternbald, S. 49,22-23) zu bleiben. Und auch bei Sternbalds Pflegevater wird die angenommene Offenbarung Gottes in der Schönheit der Welt offensichtlich, wenn er im Bewusstsein seines bevorstehenden Todes zu Sternbald spricht: *„Ach! Wenn man so mit hinuntersinken könnte! […] Mit hinunter mit der lieben Gottessonne! O wie schön und herrlich ist die Erde, und jenseits muß es noch schöner sein; dafür ist uns Gottes Allmacht Bürge!"* (Sternbald, S. 49,18-22)

1.1 Sternbalds Religion - pantheistische Naturerfahrung

Schon bei den Erinnerungen an die kindlichen Natureindrücke, die Sternbald im heimatlichen Wald ergreifen, zeigt sich seine Affinität zur Natur, die hier, freilich noch in kindlicher Neugierde begründet, schon den Zusammenhang zwischen Natur und Sehnsucht erahnen lässt, was sich später in einer Sehnsucht nach einem Erleben Gottes und nach Erkenntnis der Welt wiederholt. Dass Sternbald religiös ist, wird zu keinem Zeitpunkt in Frage gestellt, vielmehr ist seine Gottesfurcht von Beginn an offensichtlich. Wenn Sternbald, auf dem Erntefest im heimatlichen Dorf, erstmals ausführlich über die künstlerische Darstellung der Natur sinniert[373], deutet sich schon an, was später für sein Kunstverständnis prägend ist. Die Natur ist für ihn die Kunst des Schöpfers und der Künstler, der sie in ihrer Beziehung zum Geistigen, als Allegorie sieht und darstellt, erhebt sein Werk somit in eine höhere Sphäre. So bildet im *Sternbald* die christliche Vorstellungswelt und die von christlichen Vorstellungen durchtönte Kunst den geistigen Hintergrund, der in der göttlichen Naturerfahrung Sternbalds seinen überhöhten Ausdruck findet. Wenn Sternbald auf dem Weg zum Eremiten sich auf dem Gipfel eines Berges beim Anblick der Größe der Natur in Gedanken verliert, zeigt sich deutlich, dass er in ihr eine *„Hieroglyphe, die das Höchste, die Gott bezeichnet"*[374] verwirklicht sieht. Ähnliche Gedanken über Natur, Gott und Kunst findet man auch in den „Herzensergießungen", wenn Wackenroder diese Bereiche zueinander in enge Beziehung setzt, und es klingen ähnliche Gedanken wie bei Sternbald an, wenn er davon schreibt, dass ihm seit seiner Jugend *„die Natur immer das gründlichste und deutlichste Erklärungsbuch über sein [Gottes]*

373 So denkt Sternbald, das Treiben beobachtend, bei sich: *„Warum fällt es keinem ein, sich mit seiner Staffelei unter einen solchen unbefangenen Haufen niederzusetzen und uns auf einmal diese Natur ganz, wie sie ist, darzustellen. Keine abgerissene Fragmente aus der alten Historie und Göttergeschichte, [...] keine kalten Figuren aus der Legende, die uns oft gar nicht ansprechen, weil der Maler die heiligen Männer nicht selber vor sich sah und er ohne Begeisterung arbeitete."* (Sternbald, S. 62,8-17)

374 Sternbald, S. 250,12-13. Und zuvor heißt es über Sternbalds Eindrücke: *„O ihr Törichten! Die ihr der Meinung seid, die allgewaltige Natur lasse sich verschönen, wenn ihr nur mit Kunstgriffen und kleinlicher Hinterlist eurer Ohnmacht zu Hülfe eilt, was könnt ihr anders, als uns die Natur nur ahnden lassen, wenn die Natur uns die Ahndung der Gottheit gibt?"* (Sternbald, S. 250,2-8)

Wesen und seine Eigenschaften"[375] war.[376] So findet man bei Tieck die Darstellung einer neuen romantischen Natur, die als Chiffre des Göttlichen fungiert und für Sternbald Anregungen von der symbolischen bis hin zur gegenstandslosen Malerei bieten kann. Sein pantheistisches Gottesgefühl ermöglicht ihm, Gott in einem Maße zu erfahren, wie es sonst nicht möglich wäre. Durch die Natur offenbart sich ihm der *„ewige Weltgeist"*[377] und hier wandelt für ihn sichtbar *„auf Höhen und Tiefen die Religion"*[378], der Sternbald gerade in solchen Naturerfahrungen gewahr zu werden scheint.

1.2 Exkurs: Der Versuch einer Kunst-Religion bei Tieck und Wackenroder

Im Zusammenhang mit dem Thema Religion werden die Texte Wackenroders und Tiecks häufig als paradigmatische Entwürfe einer Kunst-Religion dargestellt[379], die zwar im Sinne des romantischen Gedankenguts entworfen scheint, dennoch auch unter Zeitgenossen nicht selten zu Kritik führte.[380] In ihrer Kunst-Religion ersetzt Kunst die Religion und übernimmt ihre Aufgaben in der Vermittlung des Göttlichen. Viele Interpretationen sehen jene Ansätze als Konsequenz der durch die Aufklärung geschwächten Religion, indem man diese eben

375 Aus Wilhelm Heinrich Wackenroder/Ludwig Tieck: Herzensergießungen eines kunstliebenden Klosterbruders, Reclamausgabe, hg. v. Richard Benz, Stuttgart, 1955, S.61.

376 Und über das Erleben göttlicher Allmacht im Rahmen der Natur heißt es: *„Ich kenne aber zwei wunderbare Sprachen, durch welche der Schöpfer den Menschen vergönnt hat, die himmlischsten Dinge in ganzer Macht, soviel es nämlich […] sterblichen Geschöpfen möglich ist, zu fassen und zu begreifen. Sie kommen durch ganz andere Wege zu unserm Inneren als durch die Hülfe der Worte […] Die eine dieser wundervollen Sprachen redet nur Gott; die andere reden nur wenige Auserwählte unter den Menschen, die er zu seinen Lieblingen gesalbt hat. Ich meine: die Natur und die Kunst."* (Herzensergießungen, S. 60/61)

377 Sternbald, S. 249, 25-26.

378 Ebenda, S. 250,10.

379 So beispielsweise Martin Bollacher: Wackenroder und die Kunstauffassung der frühen Romantik, Darmstadt 1983, S. 102 ff.

380 So zum Beispiel von Seiten Eichendorffs, der an jener Kunstauffassung eine Reduzierung auf den bloß emotionalen Aspekt der Religion kritisiert, und in der Vermischung von Kunst und Religion das Selbstverständnis der Religion vernichtet sieht. Laut Eichendorff genüge es nicht, *„das Gefühl als den sichersten, unmittelbarsten, ja einzigen Weg zur Erfassung der göttlichen Dinge"* zu sehen. (Eichendorff, Joseph von: Geschichte der Poesie, hg. v. Hartwig Schultz, in: Werke in 6 Bänden, hg. v. Wolfgang Frühwald u.a., Frankfurt 1990, Bd. 6, S. 106)

durch die Kunst zu ersetzen versuchte.[381] Mystische Erfahrung sei nur noch ästhetisch möglich[382], da die Intensität des inneren Erlebens aus dem Bereich der Religion gewichen sei.[383] Über jene problematische Betonung der Emotionalität von Kunst und Religion hinaus, kann die Kunst aber auch da hilfreich sein, wo die Religion keine Antworten mehr zu liefern vermag. Wo Religion sprachlos wird, soll die Kunst durch ihre Macht „innerer" Erfahrungen überzeugen. Kunst wird somit zum Hoffnungsträger stilisiert, der in der Theodizee-Problematik als letzter Versuch einer Lösung gesehen wird.[384]

Wie schon in den „Herzensergießungen" so dienen auch im Sternbald Künstler wie Albrecht Dürer und Raffael als Vorbilder für jene Kunst-Religion: Dürer, da er in seinem frommen Wirken die Harmonisierung von Kunst Religion zu vollziehen vermag; Raffael als Gott nahe stehender Künstler, dessen Kunst als göttlich inspiriert gilt.[385] Wenn Sternbald Raffael als *„edlen Malergeist"*[386] bezeichnet, tritt seine Verehrung gegen ihn offen zu Tage und auch Dürer rückt in die Nähe der „Göttlichkeit", wenn Franz in seinen Gesichtszügen eine Ähnlichkeit zu jenen, *„mit denen man immer den Erlöser der Welt zu malen pflegt"*[387] zu

381 Siehe hierzu Alexandra Kertz-Welzel: Die Transzendenz der Gefühle. Beziehungen zwischen Musik und Gefühl bei Wackenroder/Tieck und die Musikästhetik der Romantik (Saarbrücker Beiträge zur Literaturwissenschaft, Bd. 71), St. Ingbert 2001, S. 173 ff.

382 Vergleiche hierzu auch Friedrich Strack: Die „göttliche Kunst" und ihre Sprache. Zum Kunst- und Religionsbegriff bei Wackenroder, Tieck, Novalis, in: Deutsche Vierteljahresschrift für Literaturwissenschaft und Geistesgeschichte 52, 1978, S. 369-391, S. 372.

383 Zum Bereich einer Kunstreligion gehört auch die Form einer Kunstandacht. Marianne Thalmann schreibt hierzu: *„Die Kunstandacht...wird in Tiecks Roman tragfähige Spiegelung einer tönenden Welt, weil hinter ihr ein von Natur gläubiger Künstler steht..."* (hier zitiert nach dem Nachwort Alfred Angers zu Tiecks *Franz Sternbalds Wanderungen*, S. 546)

384 Dass sich Tieck selbst mit der Theodizee-Frage auseinandersetzte belegt der Auszug aus einem Gespräch mit Rudolf Köpke, das um 1850 stattfand: *„... Warum müssen Millionen Menschen auf Erden hungern, dursten und frieren, bettelnd auf den Straßen liegen und in Not und Elend verkommen, damit Tausende ein erträgliches Leben Dasein führen können"[...] Sollte es verwerflich sein, Gottes Dasein auch einmal von dieser Seite zu betrachten und auf alles Elend hinzuweisen, das in der Welt vorhanden ist?"* (Hier zitiert aus Klaus Günzel: Ludwig Tieck, S. 447)

385 Vergleiche hierzu „Raffaels Erscheinung" in den „Herzensergießungen" (Herzenergießungen, S. 7-12)

386 Sternbald, S. 313,32-33.

387 Ebenda, S. 106,11-12.

erkennen meint. Neben der bildenden Kunst und der Malerei wird darüber hinaus auch die Kunst der Musik als ein göttlicher Erfahrungsbereich charakterisiert. Die Tatsache, dass auch im *Sternbald* die musikalische Kunst eine große Rolle spielt, soll an anderer Stelle näher betrachtet werden. Hier sei in diesem Zusammenhang auch auf den Berglinger Text der Herzensergießungen verwiesen, in welchem Berglingers erstes Musikerlebnis als Initiation und Erweckung bezeichnet wird, die ihn überhaupt erst zu seinen künstlerischen Aufgaben beruft und befähigt.[388] So gelten Kunst und Religion ob ihrer Emotionalität als austauschbare Formen der Begegnung mit Gott[389], die sich gerade im Gefühl des „Erhabenen"[390] verwirklichen kann. Doch Tieck und Wackenroder geht es nicht um eine blinde Ästhetisierung der Religion. Vielmehr streben sie nach einer „Elementarisierung" von Kunst und Religion, deren gemeinsame Ursprünge sie im Kult zu finden glauben und zu welchen sie folglich zurückgeführt werden sollen. Für sie gelten Kunst und Religion als archaische Anbetungs- und Kommunikationsform mit dem Göttlichen.[391] Ein Austausch mit Gott erscheint durch die Kunst möglich und so wird sie zum Erlebnisbereich göttlicher Wahrnehmung.

2 Unterschiedliche Religionsauffassungen

Wenn man also, abgesehen von der Verbindung, die zwischen Religion und Kunst angenommen wird, die Religionsauffassungen im *Sternbald* genauer betrachtet, fällt auf, dass Tieck keineswegs als starrer Anhänger einer Konfession fungiert, sondern, ganz im Gegenteil, Parteien beider Konfessionen, sei es der katholischen oder der protestantischen, zu Wort kommen lässt. Dies erklärt sich schon aus Tiecks eigener Religionsauffassung, da er selbst tolerant gegenüber der katholischen Kirche war,[392] *„einseitige[n] Eiferer[n] [...] voller protestantischen Aberglaubens und Fanatismus"* stets zu einer *„billigeren und gerechteren Denk-*

388 Siehe dazu das Kapitel „Das merkwürdige musikalische Leben des Tonkünstlers Joseph Berglinger" (Herzensergießungen, S. 102-124)

389 Jene Offenbarung Gottes im Gefühl betont vor allem Friedrich Schleiermacher, der in diesem Zusammenhang als Erster den Begriff der „Kunstreligion" verwendete. (Siehe hierzu: Schleiermacher, Friedrich: Über die Religion. Reden an die Gebildeten unter ihren Verächtern, hg. v. Hans-Joachim Rothert, Hamburg 1958)

390 Dahlhaus, Karl: Die Idee der absoluten Musik, Kassel 1994, S. 62f.

391 Kertz-Welzel, Alexandra, Die Transzendenz der Gefühle, S. 183ff.

392 Jene „Toleranz" ließ seine Zeitgenossen nach seinem Italienaufenthalt sogar zur fälschlichen Spekulation hinreißen, er sei zum Katholizismus konvertiert. (Günzel: Ludwig Tieck, S. 259)

weise"[393] verhelfen wollte und den Hass christlicher Verfolgung nicht tolerieren und verstehen konnte.[394] Doch verkehrte sich diese teilweise Sympathie gegenüber der *„alleinseligmachenden Kirche"*[395] des Katholizismus in seinem späten Werk in eine deutlich antikatholische Orientierung, die aus einer ernüchternden Beschäftigung mit der dieser Kirche im Umkreis der römischen Kurie resultiert.[396] Für die Betrachtungen im *Sternbald* gilt noch eine tolerantere Einstellung des jungen Tieck, der mit Albrecht Dürer und Ludoviko Vertretern beider Konfessionen das Wort erteilt.

2.1 Albrecht Dürer - Protestantismus als „geläuterte Religion"

Neben der bereits erwähnten Grundtendenz eines pantheistischen Naturgefühls, das im *Sternbald* verwirklicht ist, und das sich gelegentlich *„zu religiöser Stärke erhebt"*[397], findet man das Thema Religion eben auch im Spiegel verschiedener Konfessionen, hier also im Spiegel des Katholizismus einerseits und des Protestantismus andererseits. Albrecht Dürer fungiert hier, ebenso wie der historische Dürer,[398] als Vertreter des Protestantismus, dessen Frömmigkeit gerade auch in den Briefen an Sternbald immer wieder ganz deutlich hervortritt.[399] Die Verehrung,

---

393 Beide Stellen zitiert aus einem Gespräch zwischen Köpke und Tieck um 1850, hier zitiert nach Günzel: Ludwig Tieck, S. 209.

394 Hierzu heißt es im Vorbericht zur 3. Lieferung seiner Werke 1820: *„Die Ferne, die Aufhebung des Jesuitenordens, der Haß gegen christliche Verfolgung, alles dies erhitzte meine Imagination."* (hier zitiert nach Erna Görte: Der junge Tieck und die Aufklärung, S. 75)

395 Günzel: Ludwig Tieck, S. 259.

396 Tieck erkannte bei seinem Italienaufenthalt eine Kirche, die hinter ihrer glanzvollen Fassade einzig auf die Mehrung irdischer Güter bedacht war und vor allem ein unversöhnliches Bollwerk der finstersten und reaktionärsten Kräfte des damaligen Europa war. So schreibt Tieck nach seinem Italienaufenthalt an Johann Heinrich Voß: *„Mein Hauptzweck war Forschung der römisch-katholischen Religion; sie schien mir ein fast erstorbener Baum, aus essen Wurzel jedoch, wenn sie gepflegt würde, ein neuer Baum steigen könnte mit ursprünglicher Kraft; ich habe geforscht, und faul war die Wurzel bis zu den äußersten Fäserchen."* (Hier zitiert nach Günzel, S. 259)

397 So bezeichnet von Wolfgang Liepe: Das Religionsproblem im neueren Drama von Lessing bis zur Romantik (Hermeae XII, hg. v. Philipp Strauch), Halle 1914, S. 80.

398 Lippelt, Thomas: Studien zum Wortgebrauch in den Romanen der deutschen Frühromantik, München 1976, S. 200.

399 So nimmt Dürer beispielsweise im ersten Brief an Sternbald immer wieder auf Gott Bezug: *„Es hat* ***Gott*** *gefallen, daß wir nun nicht mehr nebeneinander leben sollen [...] und der* ***allmächtige Gott*** *leite jeden deiner Schritte. Bleib ihm und der Redlichkeit treu, und Du wirst mit Freuden dieses eben überstehen kön-*

die Dürer dem *„große[n] Doktor Martin Luther"*[400] entgegenbringt, wird bei Dürers Aufenthalt in Leyden erstmals offen artikuliert und später von Sternbald im Gespräch mit Ludoviko wieder aufgenommen.

Gerade im Kontrast zum heiteren Wesen Lukas von Leydens, der nach seinen eigenen Worten nicht *„nach etwas Höherem strebe"*[401], tritt die Frömmigkeit Dürers umso deutlicher zu Tage, als er diesem gegenüber mehrmals wieder von der Religion zu sprechen anfängt, in Lukas aber diesbezüglich keinen adäquaten Gesprächspartner finden kann.[402] Dürer spricht hier von der *„geläuterte[n] wahre[n] Religion"* vom *„Glaube[n] an Gott und Seligkeit"*[403], und dem Leser ist klar, dass er, ohne es explizit zu benennen, hierbei von dem durch die Reformation erneuerten Glauben spricht.[404]

2.2 Ludoviko als Verteidiger des Katholizismus

Ludoviko unterscheidet sich nicht nur in seiner leichten, abenteuerlustigen Lebensweise von dem *„ernst[en] und deutsch[en]"*[405] Wesen Albrecht Dürers, sondern auch in seiner Auffassung der lutherischen Lehren. Wenn er gegenüber Sternbald in Bezug auf die Reformation davon spricht, dass *„die Göttlichkeit unserer Religion"*[406] angetastet würde, dann verteidigt er eindeutig den Katholizismus gegen den „neuen Glauben" und wenn er von „unserer" Religion spricht, wird klar, dass er sich als ein Glied einer großen, unsichtbaren Gemeinschaft betrachtet und sich eben nur als ein Glied der katholischen Glaubensgemeinschaft empfinden kann und will. Zwar schreibt er Luther zu, *„daß er [durchaus] einen wahrhaft großen Geist"*[407] habe, kann sich aber mit seinen Ideen dennoch

---

nen [...]" und auch im Bezug auf die Malerei betont Dürer gegenüber Sternbald die Bedeutung der Frömmigkeit: *„...und weil Du große Gedanken hegst und mit warmer, brünstiger Seele* ***die Bibel*** *liesest und die* ***heiligen Geschichten****, so wirst Du auch gewißlich ein guter Maler werden, und ich werde noch einst stolz auf Dich sein."* (Sternbald, S. 58ff.)

400 Sternbald, S. 117,12-13. Dürer über Luther, als das Gespräch auf diesen kommt: *„Daß wir den Mann vergessen konnten" Er soll leben! Noch lange soll der große Doktor Martin Luther leben! Der Kirche und uns allen zu Heil und Frommen!"* (Ebenda, S. 117,10-14)

401 Ebenda, S. 124,4.

402 Vergleiche hierzu die Gespräche, die Lukas und Dürer bei Tische führen. (Sternbald, S. 110ff.)

403 Beide Zitate Sternbald, S. 124,5-7.

404 Vergleiche hierzu auch Thomas Lippelt, S. 200.

405 Sternbald, S. 110,17.

406 Ebenda, S. 319,8.

407 Ebenda, S. 318,31.

nicht anfreunden. Ludoviko kritisiert an Luther, er sei über sein Ziel hinausgeschossen und habe die Einheit der Kirche zerstört. Es sei diesem nicht gelungen, *„die Fülle einer göttlichen Religion"*[408] zu erzeugen und er habe somit eine Erneuerung innerhalb der Grenzen des Katholizismus verfehlt. Stattdessen habe er eben lediglich den Protestantismus, *„eine dürre, vernünftige Leerheit, die alle Herzen schmachtend zurückläßt"*[409] geschaffen, der seiner Meinung nach nicht vermag, den Stellenwert einer „Religion" einzunehmen. Katholizismus steht ihm für einen Bereich der „Fülle", im Protestantismus dominiere hingegen Leere. Dass Franz mit den Gedanken Ludovikos nicht übereinstimmt, mag dem Leser bewusst sein, sprachlich artikuliert sich dies in jener Szene allerdings lediglich in seinem Seufzer *„Oh, Martin Luther!"*[410]. Eine weitere deutliche Verteidigung des „neuen Glaubens" bleibt aus und wäre auch im Munde des frommen Albrecht Dürers weit besser aufgehoben, als im unbeständigen Gemüt des jungen Sternbald.

Während man also bei der Lektüre des *Grünen Heinrich* von Anfang an das Gefühl hat, man treffe hier auf einen präsenten Gott, der sich zwar einen ständigen Wandel in den Vorstellungen Heinrichs gefallen lassen muss, aber dennoch in verschiedenster Weise den Weg desselben begleitet, trifft man in Tiecks Roman auf einen viel allgemeineren Gottesbegriff. Heinrich „spielt" mit seinen Gottesvorstellungen, erwählt Gott einmal zum Dialogpartner, den er sogar Prüfungen unterzieht, nur um ihm im nächsten Moment im Angesicht seiner kritischen Katechismus-Verurteilung, für einen längeren Zeitraum den Rücken zuzukehren. Gott avanciert für ihn zum „Helfer in der Not" und Heinrich selbst wird zum Bittsteller an Gott, der ihm als Retter aus seiner misslichen Lage heraus helfen soll. Heinrich bleibt stets getrieben von der Suche nach einer innbrünstigen Gottesliebe, die er noch als Kind bei seiner *„warm andächtige[n]"*[411] Mutter so sehr vermisste.[412] Gegen Ende des Romans wendet sich Heinrich, im Angesicht seines Scheiterns, von Gott ab und stirbt ohne Gott an seiner Seite.

---

408 Ebenda, S. 319,28.
409 Ebenda, S. 319,28-30.
410 Ebenda, S. 319,18.
411 Der Grüne Heinrich, S. 87,34.
412 Heinrich selbst sagt hierzu: *„...von der innbrünstigen Gottesliebe dagegen hörte ich sie nie reden, und ich selbst habe eine Stimmung dieser Art erst später empfunden, als das Wesen Gottes mir endlich meiner reifern Empfänglichkeit und Erkenntniß entsprechend sich ausgebildet hatte."* (Der Grüne Heinrich, S. 88,4-8)

Ganz anders verhält es sich bei Franz Sternbald. Der Leser erfährt hier nichts über personifizierte Gottesvorstellungen, nichts über einen „Helfergott", über Gotteszweifel oder eine andauernde Suche nach göttlichem Beistand. Vielmehr manifestiert sich hier ein göttliches Erleben im Gewand der Kunst, der Liebe und der Natur.[413] Jene Dreiheit der Erfahrungswelten ermöglicht Sternbald, Gott in seiner Allmacht zu erfahren und das allgegenwärtig Göttliche in der Welt zu erkennen. Die göttlichen Gemälde Raffaels, die fast bis ins Transzendente entrückte Liebeserfahrung mit Marie und die pantheistischen Naturerlebnisse Sternbalds zeigen ein Gottesbild, das sich, ganz anders als bei der „persönlichen" Gottesbeziehung im *Grünen Heinrich,* in verschiedenen Erfahrungsbereichen als eine „allgemeine" Gotteswahrnehmung offenbart. Deswegen hat Sternbald nicht weniger als Heinrich eine Beziehung zu Gott, lediglich die Wahrnehmung ist eine völlig andere.

Jene divergierenden Gottesbeziehungen ergeben sich logisch aus den verschiedenen Lebenswegen der beiden „Künstler". Heinrichs Reise ist viel mehr durch widrige Umstände und Rückschläge geprägt, als die Sternbalds. Bei Sternbald muss Gott ob seiner Verhältnisse niemals zum „Helfergott" erwählt werden, da er nie wie Heinrich in solch missliche Lagen gerät und eine Abwendung von Gott scheint nicht „nötig", da Sternbald am vorläufigen Schluss des Romans sein Ziel erreicht, ganz anders als Heinrich, der mit der Erkenntnis seines eigenen Unvermögens auch seine Gottesbeziehung in Frage stellen muss. Sicherlich muss im weiteren Rahmen auch die jeweilige Zeit mit berücksichtigt werden. Während der Romantiker im Angesicht des Rationalismus mit einem Glaubensschwund zu kämpfen hatte, konnten gerade solch „romantische" Gotteserfahrungen jenem schmerzlich gefühlten „Gottesverlust" entgegenwirken und einem neu entstandenen *„Glaubenshunger"*[414] Nahrung bieten.

Sternbald verkörpert als romantischer Wanderer die Sehnsuchtsmotivik, die nicht nur die Sehnsucht nach Ferne und Liebe, sondern auch das Streben nach göttlicher Erfahrung mit einbindet, während

413 Auch bei Keller spielt die Natur als Ort, der den Menschen zu sich selbst führen kann eine wichtige Rolle. Ernst May schreibt hierzu: *„Wiedergeben läßt sich Natur nur in der Form der künstlerischen Aussage, weil Natur keine gedankliche Abstraktion ist und jedes Systemdenken verbietet. Als Dichter kann er darauf verzichten, eine klar formulierte Weltanschauung zu äußern. Er sucht die Wahrheit, doch als Poet, durch Weltschau…"* (May, Ernst: Gottfried Kellers „Sinngedicht". Eine Interpretation, Bern 1969, S.9)

414 Pikulik, Lothar: Romantik als Ungenügen an der Realität, S. 242.

eine „realistischere“ Sicht bei Keller jene emotionale Gotteserfahrung nur schwerlich in den so mühsamen Weg Heinrichs mit aufnehmen könnte. So stehen sich auch in diesem Bereich zwei unterschiedliche Umsetzungen gegenüber: eine ambivalente Gottesbeziehung bei Heinrich und das pantheistisch geprägte Gotteserlebnis Sternbalds.

VI Kunst - Epigonalität vs. Schöpferkraft?

Schon zu Beginn dieser Arbeit wurde auf die Problematik des Begriffs „Künstlerroman" hingewiesen[415], wie sie vor allem für Kellers Roman gelten kann. Dass Tiecks *Sternbald* in der Tradition romantischer Künstlerromane gleichsam den Anfang bildet, ist evident, dass sich Keller hingegen selbst von dem Begriff des „Künstlerromans" distanziert, macht er im *Grünen Heinrich* deutlich, wenn er kurzzeitig als „Verfasser" desselben das Wort an den Leser richtet.[416] Dennoch will diese Arbeit beide Romane in dem Sinne als „Künstlerromane" verstanden wissen, als beide offensichtlich das Motiv der Kunst thematisieren, beide Protagonisten den Weg einer „Künstlerlaufbahn" einschlagen und die Problematik des Künstlerdaseins in beiden Romanen, wenn auch auf verschiedene Weise, dargestellt wird.[417] Während Keller das Scheitern der Künstlerwerdung Heinrichs beschreibt, kann auch in Tiecks Roman keine lineare Darstellung einer erfolgreichen Entwicklung Sternbalds bezüglich seiner Kunst gefunden werden. Nicht nur Heinrich, auch Sternbald zweifelt zuweilen an seiner künstlerischen Fähigkeit. Wenn bei Heinrich insoweit eine „Entwicklung" zu sehen ist, als er sich viel eher zurück als weiter entwickelt, muss auch bei Tieck eine Stagnation des künstlerischen Fortschritts Sternbalds gesehen werden. Zu oft verliert sich die Handlung in Abenteuer und Nebengeschehnisse, die Sternbald immer wieder auf seinem Weg aufhalten. Gerade im zwei-

---

415 Siehe hierzu die Einleitung dieser Arbeit, S. 1. Es wurden hier exemplarisch Belege genannt, die den *Grünen Heinrich* als Künstlerroman verstanden wissen wollen. Weitere Forschungsliteratur zu diesem Thema findet man auch bei Hartmut Laufhütte: Wirklichkeit und Kunst in Gottfried Kellers Roman „Der Grüne Heinrich" (Literatur und Wirklichkeit, Bd. 6), Bonn 1969, S. 78.

416 So heißt es im *Grünen Heinrich*: *„Der Verfasser dieser Geschichte fühlt sich hier veranlaßt, sich gewissermaßen zu entschuldigen, daß er so oft und so lange bei diesen Künstlersachen und Entwickelungen verweilt, und sogar eine kleine Rechtfertigung zu versuchen. Es ist nicht seine Absicht, so sehr es scheinen möchte, einen sogenannten* ***Künstlerroman*** *zu schreiben und diese oder jene Kunstanschauungen durchzuführen, sondern die vorliegenden Kunstbegebenheiten sind als reine gegebene Facta zu betrachten, und was das Verweilen bei denselben betrifft, so hat es allein den Zweck, das menschliche Verhalten, das moralische Geschick des grünen Heinrich, und somit das Allgemeine in diesen scheinbar zu absonderlichen und berufsmäßigen Dingen zu schildern."* (Der Grüne Heinrich, S. 576,19-32)

417 Im klassischen Verständnis des Künstlerromans kann *Der Grüne Heinrich* sicher nicht als solcher gelten, und diesbezüglich soll der Meinung Edda Enayats zugestimmt werden: *„Es ist kein Künstlerroman, schon deshalb nicht, weil der Held ein Nicht-Held ist und im zweiten Drittel des Romans entdecken muß, daß er kein Künstler ist."* (Enayat, Edda: Gottfried Keller: Der Grüne Heinrich, S. 213)

ten Teil des Buches dominieren jene „romantischen" Welterfahrungen, und das so sehr ersehnte Ziel der „ewigen Stadt" Rom, scheint im Vergleich zur endlich gefundenen Geliebten deutlich an Bedeutung zu verlieren.[418]

Freilich ist bei Sternbald kein Scheitern wie bei Heinrich zu erkennen, doch eine vollkommene Künstlerwerdung scheint auch hier nicht verwirklicht. Wie also gehen beide „Helden" mit dem Thema Kunst um? Warum erwählen sie dieselbe zu ihrem Lebensziel und was hindert sie auf ihrem Weg zur Vervollkommnung?

VI.I Die Kunst im Leben des Grünen Heinrich

Im Leben des grünen Heinrich ist die Kunst viel mehr abhängig von äußeren Gegebenheiten als dies bei Franz Sternbald der Fall ist. Sie wird in vollständiger Abhängigkeit vom ökonomischen System entworfen und als solche problematisiert. Diesbezüglich scheint es auch wichtig, die im 19. Jahrhundert aufkommende „Industrialisierung" der Kunst mit in die Betrachtungen von Kellers Roman aufzunehmen, da Kellers Kritik an derselben als ein zentraler Gegenstand *„immanenter ästhetischer Reflexion im Roman"*[419] gesehen werden kann. So wird nicht nur die Problematik der Künstlerexistenz Heinrichs, sondern in diesem Zusammenhange auch die Problematik der „Kunst" überhaupt thematisiert. Die Kunst als Erwerbsfeld, als Lebensgrundlage für den jungen Heinrich wird im Bezug auf dessen Leben als unzureichend entlarvt.

Sein in Grundzügen vorhandenes Talent wird nicht entsprechend gefördert, seine ersten Malversuche gereichen zu einer Art Fluchtpunkt vor der Konfrontation mit der realen Welt und die mangelnde „Schöpferkraft" Heinrichs führt ihn in den finanziellen Ruin. Wo also liegen die Anfänge von Heinrichs Malerei, inwieweit entwickelt er sich weiter und wieso muss er letztlich scheitern?

---

418 Auf jene thematische Problematik weist ausführlich Richard Littlejohns hin. So wirft er dementsprechende Fragen auf und es heißt in seinem Aufsatz zur Renaissancekunst im *Sternbald*: *„...Bestätigt der Schluß des Buches tatsächlich seinen Ausgang, wie die letzten Kapitel anzudeuten scheinen, oder widerspricht er ihm in tieferem Sinn? Geht es im „Sternbald" um die musterhafte Entwicklung eines echten Malers oder um die Problematik eines zwar phantasievollen aber im Grunde genommen wenig produktiven Künstlers?"* (Littlejohns, Richard: Der Rutsch in die Fiktion, S. 164)

419 Rohe, Wolfgang: Roman aus Diskursen, S. 32.

1 Die verschiedenen Phasen von Heinrichs „Künstlertum"

Heinrichs „Berufung" zum Künstler ist keine vom Himmel geschickte Eingebung, vielmehr muss sich dieses Interesse erst entwickeln. Allerdings fallen die ersten Malversuche Heinrichs bereits in sein Kindesalter zurück und legen vielleicht schon hier die ersten Grundsteine zu seiner späteren Berufswahl. Mit dem frühen Verlust seines Vaters verliert Heinrich auch die Führungsperson in seinem Leben, die ihn vielleicht auf einen beruflich gesicherteren Weg hätte führen können. So bleibt Heinrich diesbezüglich auf sich selbst gestellt und auch wenn seine Mutter an den Zukunftsplänen ihres Sohnes zu zweifeln scheint, vermag sie nicht, ihn von dem einmal eingeschlagenen Weg wieder abzubringen, vielmehr übernimmt sie hierbei sogar eine stützende Funktion.

1.1 Die ersten Malversuche - Kunst als Flucht vor der Außenwelt

Was sich auch im späteren Romanverlauf fortsetzt, nämlich Heinrichs Neigung, sich von seiner Umgebung und den Menschen abzuwenden, findet sich auch schon in seiner Kindheit.[420] Erstes Beispiel für jene Realitätsflucht bietet die Meierlein-Episode[421], in deren Konsequenz es zu einer Krise mit seiner Mutter kommt. Das von ihm verschleuderte Geld kränkt Frau Lee in ihrer *„religiöse[n] Sparsamkeit"*[422] und löst eine Periode des Schweigens zwischen Heinrich und seiner Mutter aus. In jener depressiven Verstimmung Heinrichs, wendet er sich von der Außenwelt ab, und „versteckt" sich im mütterlichen Haus, gleichsam um sich vor seiner *„unheimliche[n] Vergangenheit"*[423] zu verbergen. Doch während dieser Phase kommt es auch zu einer ersten Berührung Heinrichs mit der Malerei. Unvermittelt werden der Besitz eines Farbkastens und die Beherrschung einer gewissen Technik der Farbenmischung als Voraussetzungen für das Kommende erwähnt. *„Schon längst"*[424] hat Hein-

420 Heinrich selbst weiß um die Probleme, die er in seiner Kindheit in Bezug auf seine Mitmenschen hatte, und weist diese zunächst seiner *„gottlosen Zeit"* (Der Grüne Heinrich, S. 139,4) zu, die ihn in Konsequenz seiner Katechismus-Ablehnung unfähig machte, *„lebendige Gefühle der Liebe auch für alles übrige Leben"* (Ebenda, S. 139,12) zu empfinden. So schriebt er: *„Desto eifriger verkehrte ich im Stillen mit mir selbst, in der Welt, die ich mir allein zu bauen gezwungen war."* (Ebenda, S. 139,23-24)

421 vgl. Der Grüne Heinrich, S. 183ff.

422 Ebenda, S. 188,11-12.

423 Ebenda, S. 189,19.

424 Der Grüne Heinrich, S. 189,33.

rich stundenlang in der Geborgenheit der mütterlichen Stube eine *„in Öl gemalte Landschaft"*[425] betrachtet, die hier an der Wand hängt und die ihn in ihrer *„Gleichmäßigkeit und Sanftheit"*[426] ungemein reizt. So beginnt Heinrich, fasziniert durch die hier dargestellte Landschaft, in einem *„nicht von größter Bescheidenheit"*[427] gezeichneten Versuch, das hier Gesehene mit seinen Wasserfarben zu kopieren.

Jene ersten Malversuche können gleichzeitig als eine Kompensation seiner depressiven Verstimmung fungieren, als ob er die angespannte Beziehung zu seiner Mutter einfach „wegmalen" könnte. Inmitten seiner negativen Gefühlslage fühlt er sich nun *„glücklich, eine so wichtige und andauernde Arbeit"*[428] vor sich zu haben, und *„der Frieden, welcher in dem gut gemeinten Bilde athmete, stieg auch in [seine] Seele."*[429] Doch schon hier zeigt sich, dass Heinrich keineswegs mühelos mit dieser neuen Aufgabe umzugehen vermag. Auch wenn ihn seine neue Beschäftigung *„zufrieden"*[430] macht, ringt er *„mehrere Tage lang auf das mühseligste"*[431] mit seiner Landschaftskopie und mit der Vollendung dieser anstrengenden aber beglückenden Arbeit wird auch *„das Vertrauen der Mutter"*[432] wiederhergestellt. So muss Heinrichs Malerei als Teil seiner Fluchtreaktion gesehen werden, in welcher er versucht seinen, in der negativen Erfahrung mit der Außenwelt verlorenen, inneren Frieden wieder zu finden und darüber hinaus die Versöhnung mit der Mutter zu erreichen.

In jener psychologischen Bedeutung, die diesem ersten Malerlebnis zugemessen werden muss, mag auch begründet liegen, dass das fragwürdige Ergebnis seiner Arbeit keine weitere Beachtung erfährt.[433] Vielmehr begnügt sich Heinrich mit seiner unzureichenden Kopie und freut sich über die wieder gewonnene Aufmerksamkeit seiner Mut-

425 Ebenda, S. 189,33-34.

426 Ebenda, S. 189,36/190-1.

427 Ebenda, S. 190,9-10. Schon hier mag die später so oft auftauchende Selbstüberschätzung Heinrichs ein erstes Mal anklingen.

428 Ebenda, S. 190,16-17.

429 Ebenda, S. 190,19-20.

430 Ebenda, S. 190,31.

431 Ebenda, S. 190,14-15.

432 Ebenda, S. 191,2.

433 Wenn Heinrich von der *„Kluft"* zwischen seinem Werk und seiner Vorlage spricht und das Ergebnis als *„ein formloses, wolliges Geflecksel"* bezeichnet, *„in welchem der gänzliche Mangel jeder Zeichnung sich innig mit dem unbeherrschten Materiale"* (Der Grüne Heinrich, S. 190,24-27) verbindet, wird das Ungenügen seiner Arbeit augenscheinlich.

ter. Im Verlauf des nächsten Jahres scheint sich ein Zwiespalt in Heinrichs Kunstneigung aufzutun, nämlich dann, wenn er zwischen einer *„Schulkunst"* und einer *„Hauskunst"*[434] zu differenzieren beginnt. Während er in der Schule als nicht mehr denn ein *„talentvolle[r] Zeichner"*[435] gilt und der verschulten Art einer künstlerischen Beschäftigung nichts abzugewinnen vermag, liegt seine Hauptbeschäftigung, gerade auch später in Folge des Schulausschlusses in der häuslichen Umgebung im *„Zeichnen und Malen"*[436]. Eifer und Fleiß kann Heinrich nur in der häuslichen Malerei aufbringen und auch die Gegenstände jener Malerei ändern sich kaum. Da Heinrich kein weiteres Gemälde findet, das sich zu einer Kopie anbietet, so erwählt er in Ermangelung besserer Vorlagen, die verschiedensten häuslichen Gegenstände zum Mittelpunkt seiner Bilder[437] und stellt sie zu den verschiedensten Phantasiearrangements zusammen. Auch hier zeigt sich wieder, wie in der Meierlein-Episode, Heinrichs Wendung nach innen, denn nur in jener häuslichen Malerei, kann er jene „poetische" Kunst[438] betreiben, die in ihm den Grundstein seiner späteren Berufswahl legt. Weiterer Zweck der Malerei jener Zeit ist die Selbstdarstellung Heinrichs,[439] die einer, aus dem misslungenen

---

434 Beide Begriffe ebenda, S. 218,5-6.

435 Der Grüne Heinrich, S. 217,33.

436 Ebenda, S. 217,30. Hartmut Laufhütte sieht in jener Differenzierung zwischen schulischer und häuslicher Kunst jenen bereits erwähnten *„Gegensatz zwischen Innenbereich und Außenwirklichkeit"* (Laufhütte, Hartmut: Wirklichkeit und Kunst, S. 82) erneut verwirklicht. Heinrich unterscheidet hier wieder zwischen den „feindlichen" Anforderungen der Außenwelt und der Geborgenheit seines Rückzugs in die Innerlichkeit.

437 So beispielsweise Ofengemälde, Kalender oder Poesiebücher. (Der Grüne Heinrich, S. 218)

438 Heinrich selbst spricht in Bezug auf seine phantasievoll arrangierten Bilder von der Bildung einer *„unschuldige[n] und sozusagen elementare[n] Poesie"*. (Der Grüne Heinrich, S. 218,22-23)

439 Dies kommentiert Heinrich folgendermaßen: *„Ich erfand eigene Landschaften, worin ich alle poetischen Motive reichlich zusammenhäufte und ging von diesen auf solche über, in denen ein einzelnes vorherrschte, zu welchem ich immer den gleichen Wanderer in Beziehung brachte, unter dem ich, halb unbewußt, mein eigenes Wesen ausdrückte [...] ich fühlte ein weichliches Mitleid mit mir selbst und liebte es, meine symbolische Person in die interessanten Scenen zu versetzen..."* (Der Grüne Heinrich, S. 218,24-35) Bernhard Spies schreibt diesbezüglich: *„...Die melancholische oder blumenselige Szenerie, die er [Heinrich] wie eine Kulisse um den Wanderer im grünen Kleide arrangiert, hat ihre Einheit in eben dieser Figur, dem fiktiven Mittelpunkt einer erfundenen Welt. Heinrich gibt sich aber nicht damit zufrieden, seine Erfindung in seiner Vorstellung zu behalten, sondern er verleiht ihr, indem er sie mit Stift und Farbe auf Papier bannt, den Schein wirklichen Daseins."* (Spies, Bernhard: Behauptete Synthesis, S. 24)

Zusammentreffen Heinrichs mit der Welt entstandener, *„Selbstbeschauung und Eigenliebe"*[440], entspringt. Wie Heinrich auch selbst bemerkt, wenn er als Autobiograph rückblickend von *„gänzlicher Erfahrungs- und Unterrichtslosigkeit"*[441] bezüglich seiner anfänglichen Malversuche spricht, ändert sich an seinen malerischen Fertigkeiten in diesen ersten „Kunstjahren" kaum etwas,. So bleibt Heinrichs frühe Malerei geprägt durch Ich-Bezogenheit, schöpferischer Willkür und eine Motivation, die hauptsächlich in seiner Realitätsflucht und seiner Abgrenzung zur Außenwelt begründet liegen kann.

1.2 Unfähigkeit zu Neuem - epigonale Malerei Heinrichs

Die „epigonale" Malerei Heinrichs, die bei der Betrachtung der ersten Malversuche ins Auge fällt, findet ihre Fortsetzung auch dann, wenn Heinrich bei Habersaat in die Lehre geht. Bevor Heinrich jene Lehre antritt, verbringt er einige Zeit bei seinem Oheim auf dem Land, wo er erstmals den ernsthaften Plan äußert, Landschaftsmaler zu werden.

Durch die Schönheit der umliegenden Natur inspiriert, fühlt Heinrich hier zum ersten Mal *„eine ganz ernsthafte und gravitätische Lust zu Schaffen und Arbeit, zu bewußtem Gestalten und Hervorbringen"*[442] und der Wille zu einer energiereicheren Schaffenskraft ergreift ihn.[443]

1.2.1 Die Zeit beim Oheim und die Lehre bei Habersaat

In der Umgebung des Oheims und der Basen, die in ihrem eher dilettantischen Kunstverständnis Heinrichs Gemälde loben[444], gewinnt

440 Ebenda, S. 218,32.

441 Ebenda, S. 219,7-8.

442 Der Grüne Heinrich, S. 235,36/236,1.

443 Hierzu heißt es von Heinrichs Seite: *„Ich eilte auf mein Zimmer [...] und begann meine indessen angekommenen Sachen auszupacken, meine Schulbücher und abgebrochenen Hefte [...] vorzüglich aber einen ansehnlichen Vorrath von Papier verschiedener Art, Federn, Bleistifte und Farben, vermittelst deren ich zu schreiben, zu zeichnen, zu malen gedachte, was weiß ich, was Alles!"* (Der Grün Heinrich, S. 235,27-35)

444 Beim ersten Anblick von Heinrichs Skizzen bezeichnet ihn der Oheim sogleich als *„ganzer Maler"* (Der Grüne Heinrich, S. 236,22) und beauftragt ihn umgehend mit einigen Zeichnungen (vgl. ebenda, S. 236) und als Heinrich später das Porträt Annas anfertigt, schlägt die Magd die Hände über dem Kopf zusammen, da sie *„noch nie etwas Ähnliches erblickt"* (Der Grüne Heinrich, S. 285,7), und der Schulmeister findet Heinrichs *„Werk gut und belobt [die] Artigkeit gegen sein Töchterchen mit schönen Worten und freut sich darüber"*. (Der Grüne Heinrich, S. 285,8-9)

er neues Selbstbewusstsein und bei dem Plan seiner Berufswahl werden ihm von Seiten der Verwandten kaum Steine in den Weg gelegt, so dass sein Entschluss, sich der Landschaftsmalerei zu widmen, bald konkrete Formen annimmt. In der ländlichen Idylle reift Heinrichs Begeisterung für die Schönheit der Natur und in der Lektüre von Geßners „Brief über die Landschaftsmalerei" findet er seine eigene Leidenschaft wieder.[445] So macht er Geßner zu seinem *„Propheten"*[446] und sieht in dessen Biographie ein Spiegelbild seiner selbst, was ihm erneut Mut für seine Zukunft macht. Jener vorläufige Enthusiasmus, der Heinrich in dieser Umgebung bezüglich seiner Malerei ergreift, findet sein vorläufiges Ende, oder wird vielmehr in seine Schranken verwiesen, als Heinrich bei dem *„Maler, Kupferstecher, Lithograph und Drucker"*[447] Habersaat in die Lehre geht, der *„in einer verschollenen Manier, vielbesuchte Schweizerlandschaften zeichnete, dieselben in Kupfer kratzte, abdruckte und von einigen jungen Leuten mit Farben überziehen ließ."*[448] Hier findet Heinrich zunächst das, was er sucht, doch der *„Kunstspuk"*[449] Habersaats ist das genaue Gegenteil dessen, was ihm eigentlich gut täte. Was Heinrich fehlt, ist die richtige Technik, die seinem eher mittelmäßigen Talent eine höhere Perfektion verleihen könnte. Doch scheint Habersaat mit seiner *„falsche[n] Technik"*[450] kaum dafür geeignet, Heinrichs Kunstsinn zu fördern. Vielmehr scheint Heinrichs Lehrer dem phantasievollen Geist des „grünen" Künstlers eher abträglich zu sein, schon weil er jegliches Aufkeimen einer *„künstlerische[n] Ader"*[451] bei seinen Arbeitern sofort im Keim erstickt. Auch wenn er Heinrich gegenüber zunächst sein Wohlwollen ausdrückt und seine Freude darüber, endlich *„einen jungen Menschen einmal als eigentlichen Künstler heranzubilden"*[452], wird dieser zunächst wieder lediglich mit dem genauen Kopieren von Gemälden beauftragt. Was der Autobiograph Heinrich dem Leser rückblickend bei der Beschreibung des Betriebs Habersaats schildert, ist das bedrückende Bild einer „Kunstfabrik", deren *„melancholische"*[453] Mitarbeiter gleichsam *„an das knarrende Rad [der Druckmaschine] gefesselt, füglich eine Art gedrückter Unterteufel"*[454] darstellen und somit genau jene

445 Vgl. ebenda, S. 244.
446 Ebenda, S. 244,17-18.
447 Ebenda, S. 306,21.
448 Ebenda, S. 306,22-25.
449 Ebenda, S. 306,20.
450 Ebenda, S. 313,36.
451 Der Grüne Heinrich, S. 309,12.
452 Ebenda, S. 310,24-25.
453 Ebenda, S. 309,34-35.
454 Ebenda, S. 309,35-36.

aufkommende Form der *„art industriel“*[455] der damaligen Zeit verkörpern, die Keller in seinem Roman kritisiert.[456] So nimmt es auch nicht Wunder, wenn Heinrich auf die Dauer mit jener räumlich beengten, beinahe Fließbandartigen Reproduktion von Kunstwerken nicht zufrieden sein kann.[457] Schon bei seinen kindlichen Malerlebnissen dominierte die Kunst seiner Phantasie und auch wenn Heinrich das eigentliche Talent im Sinne einer innovativen Schöpferkraft fehlt, so kann die industrielle Arbeit in Habersaats Schule in keiner Weise das repräsentieren, was Heinrich in seinem Traum vom Künstlertum verwirklicht sehen will.

1.2.2 Heinrichs „Gedankenmalerei“ vs. Mangelnde Fähigkeit

Schon bei seinen ersten Malversuchen hatte Heinrich lieber nach seiner Phantasie gemalt, statt einfach nur die Realität abzubilden oder er formte die realen Gegenstände seiner Bilder so um, dass sie seinen Kunstansprüchen entsprachen und seinem künstlerischen Können angepasst wurden. Fortwährend sucht Heinrich nach Landschaftsbildern, die er einfach nur phantasievoll zu kopieren braucht, ohne sich mit der Realität auseinanderzusetzen. Sein unzureichendes zeichnerisches Talent hält ihn davon ab, die Natur auf eine eigene neue Art darzustellen und so schafft er mit Hilfe seiner Vorstellungskraft *„eigene Landschaften“*[458], die er in einer Komposition seiner verschiedenen Phan-

---

455 Maag, Georg: Kunst und Industrie im Zeitalter der ersten Weltausstellungen, S. 41.

456 Dass Heinrichs Dilemma gleichzeitig auch das seiner *„künstlerischen Epoche und Umwelt“* ist, darauf hat beispielsweise auch Gerhard Kaiser hingewiesen. (Kaiser, Gerhard: Gottfried Keller, S. 186) und auch Jörg Schönert betont diese Berücksichtigung der Zeitgeschichte, wenn er schreibt: *„Über die autobiographische Substanz des Romans werden zudem Lebensgeschichte und Zeitgeschichte in Beziehung gesetzt…“* (Schönert, Jörg: Die „bürgerlichen Tugenden“ auf dem Prüfstand der Literatur. Zu Gottfried Kelelrs Der Grüne Heinrich, Die Leute von Seldwyla und Martin Salander, in: Bildung und Konfession. Politik, Religion und literarische Identitätsbildung 1850-1918 (Studien und Texte zur Sozialgeschichte der Literatur, Bd. 59), Tübingen 1996, S. 39-51)

457 Als repräsentativ für jene Art der Kunstproduktion kann Heinrichs Malerkollege Erikson gesehen werden. Dieser ist kein Maler im dem Sinne, wie sich Heinrich verstanden wissen will, vielmehr fehlt bei seinen *„Bildchen vom allerkleinsten Maßstabe“* (Der Grüne Heinrich, S. 567,27) jegliche Repräsentation seiner Künstlerpersönlichkeit. Dies wird im Roman auch durchgehend geahndet, wenn es von Erikson heißt, *„er war kein Maler“*. (Der Grüne Heinrich, S. 568,2-3)

458 Der Grüne Heinrich, S. 218,24-25.

tasieelemente zusammenfügt. Auch bei Habersaat kopiert Heinrich zunächst nur mittelmäßige Vorlagen, bevor er mit Beginn des Frühlings erstmals in die Natur geht, um dort unmittelbar nach derselben zu malen. Doch auch hier zeigt sich wieder Heinrichs Ungenügen am realistischen Abbilden, das hinter seiner „Gedankenmalerei" zurückstehen muss. Wenn er beispielsweise versucht, die Schönheit der Wasserfälle nachzubilden, macht ihm seine künstlerische Selbstüberschätzung[459] einen Strich durch die Rechnung und mit den *„plumpen und renommistischen Formen [seiner] lächerlichen Virtuosität"*[460] verliert das Darzustellende an *„Leben und Glanz"*[461]. Erst Habersaats Auftrag, das *„Sonderbare und Krankhafte"*[462] in der Natur wiederzubilden, kann Heinrichs Interesse wecken, da es seine Phantasie anspricht. Doch auch hier bleibt Heinrichs künstlerischer Anspruch unbefriedigt und bald streift er den ganzen Tag in der Natur umher, *„ohne etwas zu thun"*[463] und überlässt sich erneut einem *„träumerischen Müßiggange"*[464]. Anstatt sich seiner technischen Verbesserung zu widmen, verliert sich Heinrich in *„kindischen Spielen"*[465] und *„geheimnißvollen Stellen"*[466] der Natur und fertigt stets nur *„eine Zeichnung eigener Erfindung an, um ein Produkt nach Hause zu bringen"*[467]. So entsteht ein ganzes Kompendium an Bildern, die lediglich Heinrichs Phantasie entspringen und auch als er die Lehre bei Habersaat verfrüht abbricht, fährt er darin fort, nicht nach der Natur zu zeichnen, sondern eben am liebsten nach seiner Vorstellung und seinen ganz eigenen Gedanken. Über sein mangelndes Talent und die ausbleibende Verbesserung seiner zeichnerischen Fähigkeiten lässt er sich durch seine phantasievollen Erfindungen hinwegtäuschen. Ihm genügen zunächst die Belobigungen durch seine Verwandten, die seiner Selbstidealisierung schmeicheln, wenngleich er sich seiner und deren künstlerischer „Inkompetenz" durchaus bewusst ist.

459 Heinrich selbst bekennt sich rückblickend zu dieser Selbstüberschätzung, wenn es heißt: *„Denn was mir nicht klar war oder zu schwierig schien, das warf ich, mich selbst betrügend, durcheinander und verhüllte es mit meiner unseligen Pinselgewandtheit, da ich, anstatt bescheiden mit dem Stifte anzufangen, sogleich mit den angewöhnten Tuschschalen, Wasserglas und Pinsel hinausging und bestrebt war, gleich ganze Blätter in allen vier Ecken bildartig anzufüllen."* (Der Grüne Heinrich, S. 320,15-22)

460 Ebenda, S. 321,6-7.

461 Ebenda, S. 321,7.

462 Ebenda, S. 321,32-33.

463 Ebenda, S. 322,13.

464 Ebenda, S. 322,14.

465 Ebenda, S. 322,20-21.

466 Ebenda, S. 322,31.

467 Ebenda, S. 322,32-.33.

Nach seiner dreißigtägigen Goethe-Lektüre[468] fühlt sich Heinrich in einem neuen Kunstverständnis bestätigt und sieht sich selbst als Teil jener Menschen, die als Künstler *„das Wesentliche gleich sehen und es mit Fülle darzustellen wissen"*[469]. Voller Motivation und mit der Goethe-Lektüre im Kopf will Heinrich nun daran gehen, eine wertvolle Reihe von Bildern zu schaffen, die er vor der Natur *„mit Liebe und Aufmerksamkeit"*[470] anfertigen möchte. Doch als sich Heinrich ins Freie begibt, um mit jener *„vortrefflichen Sammlung"*[471] zu beginnen, muss er feststellen, dass er keineswegs in der Lage ist, *„plötzlich etwas Neues zu schaffen, weil [er] dazu erst etwas Neues hätte sehen müssen"*[472]. Hier zeigt sich wieder ganz deutlich, dass Heinrich nichts weiter als eine, wenn auch phantasievolle, epigonale Malerkunst hervorzubringen vermag. Er ist unfähig, unter seinen Fingern etwas Neues entstehen zu lassen und bringt nichts mehr als ein *„trübseliges Gekritzel"*[473] zustande. In der Konfrontation mit der Desillusionierung seiner vermeintlichen künstlerischen Fähigkeiten wird es Heinrich *„angst und bange"*[474] und er glaubt an jener Erkenntnis *„verzweifeln zu müssen"*[475]. In dieser desperaten Situation trifft Heinrich auf Römer, der ihn sogleich aus dieser Krise „befreit" und unter seiner Anleitung lernt er *„endlich die wahre Arbeit und Mühe kennen"*[476], indem er mit dem Meister zusammen vor der Natur zeichnet und seine Fähigkeiten wirklich verbessert. Römer erkennt Heinrichs geringe wahre Fähigkeiten und verhilft ihm zu Fertigkeiten in der Zeichen- und Maltechnik, derer Heinrich dringend bedarf. Heinrichs Gedankenmalerei muss unter Römers Obhut „pausieren"; er verbietet ihm, nach der Phantasie zu malen und preist ihm die einzige Wahrheit der Natur. Dennoch bleibt Heinrichs Leidenschaft bei dem phantasiereichen Erfinden und beziehungsreichen Komponieren von Einzelelementen und nach der Lehrzeit bei Römer wendet sich Heinrich in Deutschland ganz von der realistischen Malerei ab hin zu einer

468 Der Grüne Heinrich, S.474 ff. Auf die Bedeutung Goethes im Roman Kellers wird in der Forschungsliteratur häufig näher eingegangen. Hier muss die genauere Beschäftigung damit aus Platzgründen unterbleiben. Es sei diesbezüglich exemplarisch verwiesen auf Wolfgang Rohe (Roman aus Diskursen, S. 88 ff.) und Daniel Rothenbühler (Der Grüne Heinrich 1854/55, S. 240 ff.)

469 Der Grüne Heinrich, S. 477,31-32.

470 Ebenda, S. 478,11-12.

471 Ebenda, S. 478, 19-20.

472 Ebenda, S. 478,22-24.

473 Ebenda, S. 478,27.

474 Ebenda, S. 478,32-33.

475 Ebenda, S. 478,33-34.

476 Ebenda, S. 488,33.

idealistischen Kunstrichtung, die seinem Gemüt weit eher entsprechen kann.

1.2.3 Heinrichs Verständnis einer idealisierten Kunst

Seit seinem ersten Gespräch mit dem Schulmeister über seinen Wunsch, Landschaftsmaler zu werden, denkt Heinrich dabei eher an eine idealistische Kunstrichtung als an eine realistische. Ihn treibt der Wunsch, Landschaften aus sich selbst heraus zu schaffen, *„ohne Vorbild"* und als *„eine Art Nachgenusses der Schöpfung"*[477] und versenkt sich dabei beim Malen ganz in eine *„geistreiche und symbolische Art"*[478], die einem Spiritualismus in seiner Arbeit gleichkommt,[479] welche in der Religiosität Heinrichs ihren Ursprung finden kann. Nach einem längeren Aufenthalt in der süddeutschen Kunststadt München gleichen Heinrichs Bilder *„großen Schildereien"*[480]. Er malt nun Themen auf große Kartons, *„welche immer einen bestimmten, sehr gelehrten oder poetischen Gedanken enthalten und sehr ehrwürdig aussehen"*[481], merkwürdigerweise aber immer Szene darstellen, die er nicht aus eigener Anschauung kennt, sondern abermals seiner Phantasie entspringen lässt. Mit seinem idealisierten Kunstverständnis steht Heinrich in Kontrast zu seinen beiden Künstlerfreunden Erikson und Ferdinand Lys. Während Erikson, wie bereits erwähnt, mehr um des Erwerbs willen künstlerisch arbeitet, bildet der Realist Lys das komplette Gegenteil zum innerlich zurückgezogenen Maler Heinrich. Dass Heinrich aufgrund mangelnder Fähigkeiten und seinem Beharren auf dieser Art der künstlerischen Darstellung als Künstler scheitern muss, lässt Keller schon dann erahnen, wenn er zunächst Heinrichs Gefallen an seiner *„lebendige[n] Erfindungsgabe"*[482] betont, sie aber im nächsten Moment ironisch hinterfragt, wenn er sie als *„übertünchtes Grab"* bezeichnet, die lediglich *„eine Welt umschließt, welche nie gewesen ist, nicht ist und nicht sein wird!"*[483]. Er entlarvt Heinrichs Talent als *„vermeintliches Ingenium"*[484] und kri-

---

477 Der Grüne Heinrich, S. 261,5/9.

478 Ebenda, S. 577,8-9.

479 Über jenen Spiritualismus heißt es später: „ *Der Spiritualismus ist diejenige Arbeitsscheu, welche aus Mangel an Einsicht und Gleichgewicht der Erfahrungen und Überzeugungen hervorgeht und den Fleiß des wirklichen Lebens durch Wunderthätigkeit ersetzen, aus Steinen Brot machen will, anstatt zu ackern, zu säen…"* (Der Grüne Heinrich, S. 579,34-36/S. 580,1-3)

480 Ebenda, S. 680,12.

481 Ebenda, S. 577,27-29.

482 Ebenda, S: 580,21.

483 Ebenda, S. 580,24-26.

484 Der Grüne Heinrich, S. 580,27.

tisiert Heinrichs Beharrlichkeit auf diesem *„absonderlichen Wesen"*[485] der Kunst, durch welches er sich den Weg zurück *„zur gesunden Wahrheit"*[486] selbst verbaue. Heinrich bleibt in seiner Entwicklung stehen, lebt zwischen seinen *„ungeheuerlichen Cartons mit den abenteuerlichen Compositionen [und] großen blassen Bilder[n], [die] zusammen ein Labyrinth von verschiedenen helldunkeln Gelassen und Winkeln"*[487] bilden und die nicht vermögen, *„die dunkle Leere [...], in welcher seine eigene Gestalt mit tausend Fehlern und Irrtümern behaftet ganz unleidlich auf und nieder taucht"*[488] auszufüllen.[489]

So gerät Heinrichs Künstlertum in eine ernsthafte Krise, die sich letztlich ganz deutlich vor allem in seiner *„kolossalen Kritzelei"*[490] widerspiegelt, denn diese Arbeit Heinrichs stellt nichts mehr dar, sie ist gegenstandslos geworden. Zwar schafft er hier etwas völlig Neues, etwas, das noch nie vorher da gewesen ist, vermag aber dennoch nicht, einen bestimmten Inhalt damit auszudrücken, und zieht sich somit nicht nur die Kritik Eriksons[491], sondern durch dessen Worte auch die Kellers zu.[492]

---

485 Ebenda, S. 578,10-11.
486 Ebenda, S. 581,4-5.
487 Ebenda, S. 679,17-20.
488 Ebenda, S: 679,9-12.
489 Gerade nach dem Kampf mit Lys fällt Heinrich in eine tiefe Melancholie, der er sich auch durch seine Malerei nicht zu entziehen vermag.
490 Ebenda, S. 681,17.
491 Ebenda, S. 682 ff.
492 Es sei hier nochmals darauf verwiesen, dass Gottfried Keller selbst sich zunächst der Kunst und Malerei widmete, bevor er sich aufgrund fehlender Käufer für seine Bilder aus finanziellen Gründen von der Malerei abwandte. Er selbst schreibt über seinen Entschluss: *„In sehr früher Zeit, schon mit dem fünfzehnten Jahre, wendete ich mich der Kunst zu; so viel ich beurtheilen kann, weil es dam halben Kind als das Buntere und Lustigere erschien, abgesehen davon, daß es sich um eine beruflich bestimmte Thätigkeit handelte. Denn ein „Kunstmaler" zu werden, war, wenn auch schlecht empfohlen, doch immerhin bürgerlich zulässig."* (Keller, Gottfried: Autobiographisches, S. 13) Keller besaß durchaus Talent, konnte aber nicht von seiner Kunst Leben, und schaffte es, anders als Heinrich, noch rechtzeitig, sich eine andere Existenzgrundlage zu sichern, die er in der Literatur und später als Züricher Staatsschreiber fand. (Zu Kellers Malerexistenz siehe Paul Schaffner: Gottfried Keller als Maler, Berlin/Stuttgart 1923) Zu Kellers Malerei siehe Anhang, Abbildung 2 und 3. Diese skizzenhaften, wild zusammen gewürfelten Elemente, die alle etwas mit Kellers damaligen Leben zu tun hatten, stellen zwar, anders als bei Heinrich, reale Dinge dar, können aber aufgrund ihrer wahrlosen Zusammenfügung in Anlehnung an den im *Grünen Heinrich* verwendeten Begriff,

Jener Phase von Heinrichs Malerei folgt sein Aufenthalt an der Universität. Die Kunst tritt in den Hintergrund und er findet in den Lehren Feuerbachs und der Lektüre Jean Pauls einen neuen Halt. Über seinen Studien verliert er auf der ewigen Suche nach einem *„freien Willen"*[493] den Überblick über seine finanzielle Lage und begreift erst jetzt *„von Noth und Sorge umgeben"*[494], dass ihm sein bisheriges Künstlertum noch keinen einzigen finanziellen Gewinn eingebracht hat.

2 Kunst als Existenzgrundlage

Als sich Heinrich seiner prekären Situation bewusst wird, ist es eigentlich schon zu spät. Während er die mütterliche Barsumme bald aufgebraucht hat, erfindet Frau Lee zu Hause eine wahre *„Kunst, von Nichts zu leben"*[495], um für den Notfall gerüstet zu sein. Heinrich selbst geht viel zu leichtfertig in die Welt hinaus, mit dem Vertrauen auf seine Kunst und alles was daraus folgen möge. Schon in seiner so früh getroffenen Berufswahl zeigt sich, dass die Malerkunst für Heinrich eine brotlose bleiben wird.

2.1 Heinrichs Entschluss zum Malerberuf

Viel zu früh gerät Heinrich in die Situation, sich einen geeigneten Beruf wählen zu müssen. Der Verlust des Vaters, der Schulverweis und die zukunftsorientierten Reden des Oheims und des Schulmeisters konfrontieren ihn allzu bald mit der wirklichen Welt, mit welcher Heinrich bisher ja nur negative Erfahrungen gemacht hatte. Relativ schnell ist ihm jedoch klar, dass der Beruf des Landschaftsmalers seinem künstlerischen Wesen, seiner Liebe zur Natur und seiner Introvertiertheit nur zuträglich sein kann. Schon in einem ersten, verfrühten Gespräch zwischen Heinrich und seinem Vetter wird Heinrichs „Arbeitsscheu" deutlich, wenn er davon schreibt, dass er sich *„nicht nach dem Geschäftsleben hingezogen [fühle], vielmehr eine Art von Grauen vor demselben"*[496] empfinde. In der Umgebung seiner Verwandten fühlt sich Heinrich als Maler anerkannt und geachtet, und verfällt so, in völligem Verlust seiner realen Fähigkeiten, auf ein idealisiertes Selbstbild,

---

vielleicht auch als eine Art „kolossale Kritzelei" gesehen werden. Über jene Skizzen hinaus war Kellers Talent aber wohl wesentlich weiter gediehen, als das seines „Helden". (Abbildung 2 und 3 entnommen aus Paul Schaffner: Gottfried Keller als Maler, S. 190 und 193)

493 Der Grüne Heinrich, S. 724,28/31.

494 Der Grüne Heinrich, S. 724,33-34.

495 Ebenda, S. 725,21-22.

496 Ebenda, S: 230,34-36.

das ihn als Künstler vermeintlich vor anderen auszeichnet und ihn in seiner narzisstischen Selbstvorstellung bestärkt. Ferner führt ihn der Mangel einer Vaterfigur zu jener fatalen Berufswahl. Hätte der strebsame Herr Lee seinen Sohn sicherlich neben der künstlerischen auch zu einer handwerklichen Ausbildung überreden wollen, so gereichen seine Mutter und die anderen Verwandten lediglich zu stummen "Ja-Sagern", die, obwohl sie Heinrichs leichtsinnige Wahl mit beeinflussen müssten, kaum Widerworte zum unreifen Plan Heinrichs äußern. Mit der Wahl einer bloß akademischen Ausbildung entgeht Heinrich gleichzeitig der Möglichkeit, sich direkt mit seinem Vater messen zu müssen und versucht damit seiner latenten Versagensangst zu entfliehen. So reihen sich hier eine Zahl von Gründen aneinander, die Heinrich zur Berufswahl des Landschaftsmalers veranlassen.

Doch schon hier muss einleuchten, dass jene Gründe niemals ausreichen können, ihn zu einem erfolgreichen Maler zu machen. Sein mangelnder Arbeitssinn, sein durchschnittliches Talent und seine Probleme in der Konfrontation mit anderen Menschen und mit seinem eigenen Selbst prädestinieren ihn zum Scheitern und bereiten bereits vor, was sich später tatsächlich offenbart: Heinrichs Unzulänglichkeit am Malerberuf und sein künstlerisches und finanzielles Scheitern.

2.2 Gründe für Heinrichs Scheitern als Künstler

Heinrichs Scheitern im Kunstmalerberuf resultiert aus denselben Gründen, aus welchen er seinen Beruf gewählt hatte, nämlich seiner Flucht vor der Realität und deren Anforderungen an ihn sowie aus seiner gestörten Beziehung zu sich selbst und anderen. Über seine mangelnden Fähigkeiten hinaus bleibt Heinrich stets in seiner Leistungsfähigkeit gehemmt. Ein Mangel an rechter Lebensenergie, Schaffensdrang und Leistungswillen machen ihn für eine erfolgreiche Karriere ungeeignet und der gesamte Lebensverlauf des „grünen" Künstlers zeigt ganz deutlich jene Defizite, die sein Scheitern letztendlich begründen. Keller nimmt einen weiteren Faktor hinzu, wenn er über die Schwierigkeit einer ertragreichen Kunst schreibt und die hohen Anforderungen an einen jungen Künstler im Allgemeinen mit in die Erzählung aufnimmt, Heinrichs Ungenügen somit nicht unbedingt zu rechtfertigen aber dennoch ein Stückweit zu erklären versucht.[497]

497 Diesbezüglich heißt es im *Grünen Heinrich*: *„Welch' eine Menge von kleinen persönlichen und gesellschaftlichen Verumständungen gehören dazu, wenn es dem jungen Künstler gelingen soll, sein Erstlingswerk an den Mann zu bringen, und*

Da Heinrichs vorhandenes zeichnerisches Talent und Interesse nicht früh genug erkannt und gefördert wurde war er so seit je her darauf angewiesen, sich im Stillen und alleine mit seinen sentimentalen Landschaftsbildern zu beschäftigen, ohne dabei wirklich Fortschritte zu machen. Auch in Römer und Habersaat kann er nicht die Lehrer finden, die seine Neigung zur idealisierten Kunstrichtung fördern und weiterentwickeln können. Heinrich bleibt von Anfang an auf sich selbst gestellt und durch mangelnde, dauerhafte Führung auf seine rudimentären Fähigkeiten beschränkt. Ferner wird er immer wieder durch depressive und melancholische Verstimmungen in seiner Leistungsfähigkeit gehemmt, kann diesen aber aufgrund seiner emotionalen Natur nicht entgehen.[498] Doch trotz aller sichtbaren Schwierigkeiten, die gerade in der Konfrontation mit der „Brotlosigkeit" Heinrichs hervortreten, kann er nicht von seinem einmal gefassten Entschluss abrücken, sondern beharrt in der *„Einbildung, daß Beruf und Bestimmung die ausschließliche Ausbildung des einmal gewählten Zweiges"*[499] erfordern. Trotz des von Keller sooft zitierten *„Dilettantismus"*[500] Heinrichs, unternimmt dieser, in Ermangelung seines geschwundenen mütterlichen Vermögens, den Versuch, seine Gemälde unter die Leute zu bringen, wird dabei aber durch einen talentierteren Künstlerkollegen betrogen[501], und so bleibt dies vorläufig der *„erste und letzte Versuch, durch seiner Hände Arbeit sein Leben zu gewinnen"*[502].

Auf Heinrichs folgende Lebensführung, die er durch immer wieder neu entstehende Schulden finanziert, und deren Konsequenzen, gerade auch für seine Mutter, wurde in dieser Arbeit bereits hingewiesen. Ein erstes Mal gelingt es Heinrich dann, durch seine Arbeit Geld zu verdienen, wenn er dem alten Trödler seine bisher entstandenen Gemälde ein um das andere verkauft und darüber hinaus für denselben zahlreiche Fahnenstangen bemalt.[503] In jener *„einfachen und verachteten*

---

von diesem einzigen Erfolge hängt meistens das weitere glückliche Fortschreiten der nächsten fünf, ja zehn Jahre ab…" (Der Grüne Heinrich, S. 736,21-26)

498 Diesbezüglich treffend erscheint eine Aussage Sigmund Freuds: *„Die Melancholie ist seelisch ausgezeichnet durch […] die Hemmung jeder Leistung."* (Freud Sigmund: Trauer und Melancholie, in: Studienausgabe, Bd. III, Frankfurt a.M. 1975)

499 Der Grüne Heinrich, S. 688,1-3.

500 Ebenda, S. 740, 12.

501 Zu dieser Episode siehe Der Grüne Heinrich, S. 737 ff.

502 Ebenda, S. 741,28-30.

503 Siehe hierzu Der Grüne Heinrich, S. 760 ff.

Arbeit"[504] schafft es Heinrich erstmals, durch seine eigene Leistung Geld zu verdienen und voller Stolz betrachtet er zunächst bei den hochzeitlichen Feierlichkeiten der Stadt die *„Erzeugnisse seines Fleißes"*[505], wenngleich ihn kurz darauf schon wieder der Zweifel am *„Unsinn"*[506] dieser Tätigkeit ergreift. Heinrich kann sich nicht zufrieden geben mit einer künstlerischen Arbeit nur um des Erwerbs willen. Er dünkt sich zu Höherem berufen und fällt somit wieder zurück in sein hoch verschuldetes Dasein, das ihm letztlich buchstäblich das Dach über dem Kopf raubt. Als Künstler und im Leben gescheitert tritt Heinrich am Ende, unter der viel zu späten Einsicht seinen Ungenügens, den Weg nach Hause an. Dass er auch die letzte glückliche Fügung, die ihm in Person des Grafen und Dortchens die Hand reicht, nicht zu seinen Gunsten zu nutzen vermag, darauf wurde bereits hingewiesen; und so bleibt Heinrichs Traum vom Künstlersein unverwirklicht und sein idealisiertes Selbstbild wird endgültig desillusioniert.

VI.II Franz Sternbald und die „romantische" Kunst

Während aus den künstlerischen Erfahrungen Heinrich Lees Kellers Erfahrungen bezüglich seiner Abwendung von der Kunst als Beruf zu sprechen scheinen, zeigen sich in Tiecks Biographie ganz andere Beschäftigungsformen mit dem Thema Kunst. Er selbst mag nie zum Pinsel gegriffen haben, dennoch zieht sich die Thematisierung von Kunst wie ein roter Faden durch das weit gefächerte Schaffensspektrum Tiecks. Schon zu seiner Studienzeit besucht er kunsthistorische Vorlesungen von Johann Dominik Fiorillo, die ihn stark beeinflussen und dessen Vorträge ihm wohl erste systematische Kenntnisse über italienische und französische Kunst vermitteln.[507]

Im Zusammenhang mit der ästhetischen Diskussion des 18. Jahrhunderts entsteht auch bei Tieck das Bedürfnis, sich direkt zu ästhetischen Problemen zu äußern, so beispielsweise in seinem Aufsatz *„Soll der Mahler seine Gegenstände lieber aus dem erzählenden oder dramatischen Dichter nehmen?"*, welcher auf eine eingehende Auseinandersetzung

504 Ebenda, S. 773,5-6.

505 Ebenda, S. 776,12-13.

506 Ebenda, S. 776,16.

507 Zu Tieck und Fiorillo siehe exemplarisch Achim Hölter (Ludwig Tieck. Literaturgeschichte als Poesie (Beihefte zum Euphorion. Zeitschrift für Literaturgeschichte, hg. v. Rainer Gruenter, Heft 24), Heidelberg 1989, S. 26 ff) und Roger PAulin (Ludwig Tieck (Sammlung Metzler, Realien zur Literatur, Bd. 185), Stuttgart 1987, S. 20/23/42/75/112).

mit Lessings „Laokoon" und dessen Fragen schließen lässt.[508] Überhaupt hat sich Tieck in seinen Kritischen Schriften ausführlich zu Themen der Ästhetik geäußert, worauf hier aber nicht näher eingegangen werden kann.[509] Tiecks *Sternbald* gleicht einer Apotheose der deutschen Kunst der Dürer-Zeit, die er wiederum mit einer deutlichen Kapitalismuskritik verbindet und die im zweiten Romanteil in eine Verherrlichung der italienischen Renaissancekunst umzuschlagen scheint.[510] Wie also lässt Tieck seinen Helden Franz Sternbald die Welt der Kunst erfahren? Inwieweit ist Sternbald ein Künstler bzw. inwieweit muss er es noch werden und gelingt ihm die vollendete Künstlerwerdung?

1 Die Bedeutung der Kunst im *Sternbald*

Wenn Tieck im Dezember 1797 an August Wilhelm Schlegel schreibt, dass er die Kunst verehre, ja sie gleichsam zu seiner *„Gottheit"* stilisiert und diesbezüglich von seinem Wunsch spricht, auch *„wohl irgendeinmal recht was Gutes hervorzubringen"*[511], mag schon jene Kunstbegeisterung Tiecks anklingen, der er dann in seinem Künstlerroman *Franz Sternbalds Wanderungen* ein literarisches Gewand verleiht.[512]

508 Tieck gibt hier eindeutig der Dramatik den Vorzug, wenn es beispielsweise heißt: *„Im Schauspiel seh ich alle Begebenheiten und Vorfälle selbst, nichts trennt mich von den handelnden Personen, ich behalte sie unaufhörlich im Auge, eine Scene entwickelt sich nach der andern, ich sehe die Leidenschaften von ihrem ersten Entstehen, bis zu ihren fürchterlichsten Ausbrüchen, ich vergesse es, daß ich nur vor einem Kunstwerk stehe und glaube mich unter die dargestellten Begebenheiten selbst versetzt. [...] Dem Mahler liegt alles an dem Grade des Affekts, in welchem er seine Personen will auftreten lassen, im Drama wird er also einen Leitfaden finden, dem er in dieser Rücksicht sicher nachfolgen kann."* (*„Soll der Mahler seine Gegenstände lieber aus dem erzählenden oder dramatischen Dichter nehmen?"* (Ludwig Tieck, 1792), hg. v. Achim Hölter: Ein ungedruckter Aufsatz Ludwig Tiecks zur Beziehung von Literatur und bildender Kunst, in: Frühe Romantik - Frühe Komparatistik, hg. v. Achim Hölter (Helicon, Beiträge zur deutschen Literatur, Bd. 27), Frankfurt a.M. 2001, S. 9-25, S. 13)

509 Siehe hierzu: Tieck, Ludwig: Kritische Schriften. Zum ersten Mal gesammelt und mit einer Vorrede hg. von Ludwig Tieck, 2 Bände, Leipzig 1848.

510 Diese Widersprüchlichkeit in Tiecks Roman veranlasste beispielsweise Goethe zu scharfer Kritik, wenn er von *„neukatholischer Sentimentalität"* und vom *„klosterbrusisierenden, sternbaldisierenden Unwesen"* spricht. (hier zitiert nach Günzel: Ludwig Tieck, S. 139)

511 Aus einem Brief an August Wilhelm Schlegel vom 23. Dezember 1797, hier zitiert nach Günzel: Ludwig Tieck, S. 156/57.

512 Die künstlerische Bedeutung des *Sternbald* traf bei Tiecks Zeitgenossen auf unterschiedliche Kritik. Während Germaine de Stael über Tiecks Roman schreibt: *„Begebenheiten sind darin nur wenige berichtet, und das Vorhandene ist nicht einmal bis zur Lösung fortgeführt, aber nirgends, glaube ich, findet*

1.2 Sternbald - Synästhesie der Künste?

Auffällig ist, dass in Tiecks Roman alle „Sinne" des Lesers angesprochen werden. Die hohe Bedeutung, die auch der Kunst der Musik zukommt, äußert sich in zahlreichen Liedern, die Tieck in die Romanhandlung einflicht. Gerade Sternbald und Florestan scheinen sich immer wieder gegenseitig in einer Vielzahl von Liedern, meist über den Frühling, die Liebe oder die Natur, zu übertreffen. Durch Lukas von Leyden, Albrecht Dürer und die verschiedenen Erwähnungen italienischer Künstler, wie Franz Rustici und Andrea Verrocchio, lässt Tieck reale Künstlerpersönlichkeiten sprechen, die die verschiedenen Kunstauffassungen ihrer Zeit und ihres Landes repräsentieren. Ferner werden lyrische Elemente in das Romangeschehen mit aufgenommen und aus Sternbalds Gemälden blicken dem Leser biblische Szenarien und mythische Geschichten entgegen. Auf den religiösen Aspekt in der Kunstauffassung Tiecks wurde in dieser Arbeit bereits hingewiesen und die hohe Bewertung der Musik im *Sternbald* greift wieder auf[513], was schon in den *Herzensergießungen*, insbesondere im Berglinger Text, dargestellt wird, nämlich Musik als Möglichkeit zur Loslösung von allem Irdischen, als eine Kunstform, die an Emotionalität kaum zu überbieten ist.[514] Musik wird im *Sternbald* ein metaphysisches Alternativkonzept zur Sprache. Sie wird zur höchsten aller Künste, vermag alle irdischen Bedeu-

---

man eine so anmutige Schilderung des Künstlerlebens." (hier zitiert nach Günzel: Ludwig Tieck, S. 161) berichtet Caroline Schlegel an Friedrich Schlegel über Goethes Urteil zu den Wanderungen Sternbalds: *„Sollte es ein Künstlerroman sein, so müßte doch noch ganz viel anders von der Kunst darin stehn, er vermißte da den rechten Gehalt, und das Künstlerische käme als eine falsche Tendenz heraus."* (Hier zitiert nach Günzel: Ludwig Tieck, S. 165)

513 Sternbald äußert sich, befangen von der Schönheit der frühlingshaften Natur über die Musik: *„...Ich wünschte nichts mehr, als daß ich in Tönen und Gesängen den übrigen Menschen diese Gefühle geben könnte; daß ich unter Musik und Frühlingswehen dichtete und die höchsten Lieder sänge, die der Geist des Menschen bisher noch ausgeströmt hat. Ich fühle es jedes Mal, wie Musik die Seele erhebt und die jauchzenden Klänge wie Engel mit himmlischer Unschuld alle irdischen Begierden und Wünsche fern abhalten. Wenn man ein Fegefeuer glauben will, wo die Seele durch Schmerzen geläutert und gereinigt wird, so ist im Gegenteil die Musik ein Vorhimmel, wo diese Läuterung durch wehmütige Wonne geschieht."* (Sternbald, S. 203,16-28)

514 Der hohe „musikalische" Anteil in Tiecks *Sternbald* blieb auch seinen Zeitgenossen nicht verborgen. So schreibt beispielsweise Caroline Schlegel in einem Brief an Friedrich Schlegel: *„Man könnte es so eigentlich eher musikalische Wanderungen nennen, wegen der vielen musikalischen Empfindungen und Anregungen."* (Aus einem Brief an Friedrich Schlegel vom 14./15. Oktober 1798, hier zitiert nach Günzel: Ludwig Tieck, S. 165)

tungen bis ins Unendliche aufzulösen und reiht sich damit ein in Tiecks Paradigmenwechsel, den er bei seiner Kunstauffassung vornimmt.[515] Die Musik steht also im *Sternbald* stellvertretend für das Nicht-Signifikante, was vor allem auch an dem, den Roman abschließenden, Gedicht deutlich wird.[516] Überwältigt durch die Gefühle, die Sternbald nach dem Finden Maries überkommen, greift er zur Zither und *„Liebe und Entzücken antworten ihm in der Sprache der Musik"*[517]. Während ihn *„seine Gedanken verlassen"*[518], schreibt er die letzten Verse des Romans nieder, die in ihrer lyrischen Form eigentlich keinen wirklichen Inhalt mehr besitzen. Vielmehr geht es hier um den Klang und jenes „vertonte" Gedicht vermag Sternbalds „Überschuss" an Emotionen durch den musikalischen Ausdruck in die richtigen Bahnen zu lenken.

Wo die Sprache nicht weiter weiß, da kann das Medium der Musik die richtigen „Worte" finden, und so verwundert es nicht, dass Sternbald keineswegs nur als Maler, sondern im Verlauf der Handlung auch immer häufiger als Sänger und Dichter auftritt.[519] Gerade im Zusammenhang mit der Liebe und Marie, sind es meist synästhetische Erfahrungen Sternbalds, die sich seines Gemüts bemächtigen. Der Anblick der Blumen, das geistige Bild der Geliebten und die immer wieder erschallenden Töne des Waldhorns vereinen sich in Sternbald zur eindringlichen Erinnerung an Marie, über der er manchmal zu verzweifeln scheint. So erscheint es als zu einseitig, Sternbald nur in Bezug auf die Malerei als Künstlerroman verstehen zu wollen, vielmehr müssen die musikalischen Elemente unbedingt mit in die Betrachtungen aufgenommen werden.

1.2 Sternbalds Kunstauffassung

Jene Vermischung verschiedenster „Gattungen" und Künste, sowie die Selbstverständlichkeit, mit der sich Tieck im *Sternbald* thematischer Anachronismen bedient,[520] hat seinem Roman einerseits häufig Kritik

---

515 Zu Tiecks Kunstkonzept siehe Kapitel VI.2/1.1.2.
516 Siehe hierzu: Sternbald, S. 400/401.
517 Sternbald, S. 400,8-9.
518 Ebenda, S. 400,12.
519 Vgl hierzu Sternbald, S. 84 ff., S. 169 ff., S. 203, S. 237 ff. etc.
520 Auf jene anachronistische Struktur des *Sternbald* weist ausführlich Richard Littlejohns hin. (Littlejohns, Richard: Der Rutsch in die Fiktion: Renaissancekunst und Renaissancekünstler in Tiecks „Franz Sternbalds Wanderungen")

eingebracht, ihn andererseits aber auch höchste Bewunderung erfahren lassen.[521]

Tieck hat das Dürer-Bild der Romantik wesentlich mitgeprägt und die Kunst der Nazarener wäre ohne den *Sternbald* fast undenkbar. Trotz mancher Widersprüchlichkeit des Romans gehörte Tiecks Werk zu den meist Gelesenen seiner Zeit.[522] Was beispielsweise Otto Philipp Runge wohl besonders an Tiecks Roman begeistern konnte, ist die Polemisierung gegen herkömmliche Kunstkonzepte und hierbei vor allem die innovatorische Einstellung zur Landschaftsmalerei, die sich im *Sternbald* besonders auch im Bekenntnis zur allegorischen Darstellung der Natur offenbart. Die Kunst wird im *Sternbald* immer wieder thematisiert und das vornehmlich in den zahlreichen Künstlergesprächen, die Franz auf seiner Reise mit den ihm begegnenden Personen führt. Immer wieder werden neue Charaktere in die Handlung eingeführt, die oft eine eher geringe individuelle Konsistenz aufweisen, vielmehr als Sprachrohr einer irgendwie gearteten, meist romantischen Kunstauffassung dienen. Doch Tieck vermischt Epochen und Begriffe, lässt Renaissancekünstler romantisch argumentieren und lässt Sternbald Themen aufgreifen, die sogar noch um 1800 unkonventionell gewesen wären. So lässt er zum Beispiel den Maler Rustici einen Vergleich von Kunst und Alchemie anstellen, in welchem er beide als auf einer Offenbarung beruhend betrachtet und von der irrationalen Begeisterung der Ausübenden spricht: *„Du mußt der Begeisterung beim Malen vertrauen, und du weißt nicht, was sie ist, woher sie kömmt, die Geisteratmosphäre umweht dich und es geschieht."*[523] Hierbei bedient er sich einer neuplatonischen Tradition, die die künstlerische Motivation aus einem göttlichen Ursprung heraus begreift. Dies findet man auch als ein Grundthema in den *Herzensergießungen* und jene Auffassung war wohl auch im Italien der Renaissancezeit weit verbreitet. Wenn aber Rustici im

---

521 Auf die Kritik Goethes wurde bereits hingewiesen. Uneingeschränktes Lob erhielt Tieck hingegen von Friedrich Schlegel und Philipp Otto Runge. (Littlejohns, Richard: Der Rutsch in die Fiktion, S. 163)

522 Tiecks Einfluss auf die romantische Malerei zeigt sich beispielsweise auch bei Caspar David Friedrich. Exemplarisch sei hier auf Abbildung 4 im Anhang verwiesen, die Friedrichs „Wanderer über dem Nebelmeer" zeigt, der jenes romantische Fernweh und Sehnsuchtsgefühl darstellt, welches sich auch im *Sternbald* widerspiegelt. (Bildquelle: http://www.art-perfect.de/cdf.jpg, vom 2.07.2007)

523 Sternbald, S. 386,24-27.

gleichen Diskurs auch von „*unverständlichen Hieroglyphen*"[524] spricht,[525] greift er hier auf typisch romantisches Gedankengut zurück, das hierin die Verschlüsselung der absoluten Wahrheit in symbolischer Kunst verstanden wissen will.[526] Jene Widersprüchlichkeiten in kunstthematischen Äußerungen häufen sich im *Sternbald*, so beispielsweise auch, wenn Franz eine industrielle Szene als ein passendes Thema für ein Gemälde vorschlägt, und sich hierbei gegenüber dem Bildhauer Bolz zu einem modernen ästhetischen Relativismus bekennt.[527]

Abgesehen von jenen zeitlich divergierenden Kunstbekenntnissen, kommt es bei Sternbald zu einem absoluten Paradigmenwechsel in der Kunstauffassung, wenn die dargestellte Landschaft nun eigentlich nichts mehr bedeuten soll. Vielmehr soll sie die Ahnung von etwas Höherem erwecken, damit dem Maler alle Bedeutungsfunktion erlassen und ihren Ausdruck als eine bloß musikalische Landschaft finden. Zunächst im Gespräch mit dem Einsiedler Anselm und später in der Konversation mit Florestan[528] wird diese Kunstauffassung Sternbalds deutlich. Ihm geht es nicht mehr um eine mimetische Nachahmung der Natur, als vielmehr um eine Artikulierung subjektiver Stimmungen und Gefühle.[529] Die Kunst soll für sich selbst stehen, ihre konventio-

524 Ebenda, S. 386,4-5.

525 Auch Sternbald bedient sich dieses Begriffes, wenn es heißt. „*Die Hieroglyphe, die das Höchste, die Gott bezeichnet, liegt da vor mir in tätiger Wirksamkeit, in Arbeit, sich selber aufzulösen und auszusprechen, ich fühle die Bewegung, das Rätsel im Begriff zu schwinden – und fühle meine Menschheit.*" (Sternbald, S. 250,12-16)

526 Siehe hierzu Richard Littlejohns: Der Rutsch in die Fiktion, S. 167.

527 So heißt es von Seiten Sternbalds, als er die Szene der „*hämmernden Arbeiter*" betrachtet: „*Und doch ist es Handlung, Ideal, Vollendung, weil es das im höchsten Sinne ist, was es sein kann, und so kann jeder Künstler an sich der Trefflichste sein, wenn er sich kennt und nichts Fremdartiges in sich hineinnimmt.*" (Sternbald, S. 341,31-35)

528 Sternbald, S. 282 ff.

529 Sternbald äußert sich gegenüber Anselm: „*Denn was soll ich mit allen Zweigen und Blättern? Mit dieser genauen Kopie der Gräser und Blumen? Nicht diese Pflanzen, nicht die Berge will ich abschreiben, sondern mein Gemüt, meine Stimmung, die mich gerade in diesem Moment regiert, diese will ich mir selber festhalten und den übrigen Verständigen mitteilen.*" (Sternbald, S. 258,19-25) Ähnliche Gedanken finden sich auch wieder bei Caspar David Friedrich, wenn er schreibt: „*Der Maler soll nicht bloß malen, was er vor sich sieht, sondern auch, was er in sich sieht.*" (Caspar David Friedrich in Briefen und Bekenntnissen, hg. v. Sigrid Hinz, München 1968, S. 128) Dass Caspar David Friedrich diese Worte aber erst um 1830 schrieb, deutet einmal mehr auf die anachronistische Darstellung eines Renaissance-Künstlertums bei Tieck hin.

nelle, inhaltliche Bedeutung wird in Frage gestellt. So will die romantische Kunst entweder gegenstandslos sein oder aber nur dann Figuren mit in das Dargestellte aufnehmen, wenn sie in allegorischer Form[530] dargestellt werden und keine ikonographische Bedeutung mehr besitzen. Ansonsten könne laut Sternbald schon *„ein kleines ländliches Haus"* genügen, um *„ohne alle lebendige Gestalten eine wehmütige, unbegreifliche Empfindung"*[531] im Betrachter zu erregen. Dass die Kunst nicht nützlich im Sinne eines Fabrikanten sein kann, damit ist Sternbald durchaus einig, und dass er sich damit schon vom Kunst-Handwerk traditionellen Schlags emanzipiert hat, zeigt sich ganz deutlich bei seinem Besuch bei Lukas von Leyden. Jener preist die Kunst mehr als Handwerk, lobt die *„Sorgfalt"* und den *„Fleiß"*[532] Dürers, legt großen Wert auf die technische Genauigkeit und eine mimetische Abbildung der Natur. Leydens außerästhetisch definiertes Kunstverständnis muss zwangsläufig die sentimentalische Kunstliebe Sternbalds in Frage stellen. Sternbald sucht nach einer *„Kunst zu leben"*[533] und diese besteht darin, *„immer wieder zu hoffen, immer zu suchen"*[534]. Sie hält ihn dadurch immer wieder davon ab, sich eine Fleißigkeit und einen Ehrgeiz, wie er ihn bei Lukas von Leyden findet, anzugewöhnen. So hält er Lukas, trotz aller Bewunderung, manchmal *„nur [für] ein[en] Handwerker"*[535], und jener mag Sternbald unbewusst nicht wirklich als Maler ansehen, wenn er auf die Ausführungen Sternbalds mit folgenden Worten antwortet: *„...ich glaube, daß ihr so auf einem ganz unrechten Wege seid. [...] ich bin niemals in solcher Gemütsstimmung gewesen"*[536]. Lukas und auch Dürer stehen stellvertretend für ein frommes, von Fleiß geprägtes Kunstverständnis der deutschen und niederländischen Renaissancekunst und somit in deutlichem Kontrast zu den späteren italienischen Kunsterlebnissen Sternbalds.

Der augenscheinliche Kontrast zwischen erstem und zweitem Romanteil, bildet also einen weiteren interessanten und widersprüchlichen Aspekt in Tiecks Roman. Wird noch zu Beginn die deutsche, fromme und religiöse Kunst Albrecht Dürers als die einzig wahre erklärt, so findet man mit Sternbalds Einzug in Florenz einen vollkommenen Wandel hin zur sinnesfrohen und freien Lebensweise der italienischen

530 So zum Beispiel *Kind* oder *Greis.* (vgl. Sternbald, S. 283,21)
531 Sternbald, S. 282, 29-33.
532 Ebenda, S. 95,21-23.
533 Ebenda, S. 79,5.
534 Ebenda, S. 79,6-7.
535 Ebenda, S. 105,12.
536 Ebenda, S. 99,18-22.

Renaissance-Künstler. Das hedonistische Künstlerleben eines Franz Rustici, der Sternbald mit seinem Künstlerfest in die Sinneswelt der italienischen Künstlergesellschaft einführt, steht in starkem Kontrast zum ernsten, fast melancholischen Dürer. In einem *„wilde[n] bacchantische[n] Taumel"*[537] endet das Fest Rusticis und Sternbald verliert sich in den sinnlichen Eindrücken einer solchen Lebensweise. Wenn Franz an Sebastian schreibt, er habe über den Bildern Tizians und Corregios *„alle übrige Kunst vergessen"*[538] und damit wohl auch die Kunst Dürers impliziert, so muss er diesen mit seinen Worten zwangsläufig kränken und beleidigen. Vor allem bei Corregio gründet sich diese neue Begeisterung Sternbalds darauf, dass dieser wie kein zweiter verstehe, *„Liebe und Wollust darzustellen, denn keinem andern Geiste hat sich so das Glorreiche der Sinnenwelt offenbart."*[539] Sternbalds Verehrung der klaren und frommen Kunst eines Albrecht Dürers, verkehrt sich plötzlich in eine Begeisterung für die sinnliche Kunst der Italiener. Die Heimat wird zur *„Fremde"*[540] und alte Vorbilder werden durch neue ersetzt. Sternbald reiht sich ein in die leichte Lebensweise seiner italienischen Künstlerkollegen und stellt der Nüchternheit und Enge der deutschen bürgerlichen Gesellschaft die vitale Lebensfreude einer künstlerischen Boheme in der italienischen Renaissance gegenüber. Im fortschreitenden Handlungsverlauf scheint der Romanuntertitel *„Eine altdeutsche Geschichte"* zunehmend jegliche Gültigkeit zu verlieren. Doch ein letztes Mal noch ändert sich Sternbalds Gesinnung, wenn er, nach der Betrachtung von Michel Angelos Jüngstem Gericht, seine bisherige Lebensweise als *„nüchtern und ungenügend"*[541] empfindet und sich in Anbetracht dieser Erkenntnis einmal mehr auf seine Heimat und Freunde zurückbesinnt. *„Eine neue Liebe zur Kunst"*[542] erwacht in ihm, und es gereut ihn, dass er Dürer und Sebastian bisher so oft *„aus seinem Gedächtnisse verloren"*[543] hatte. Kurz danach endet der Roman mit dem Finden Maries und ob Sternbald nun jener neuen-alten Liebe zur Heimat und zur heimatlichen Kunst die Treue halten wird, kann der Leser ob des fragmentarischen Schlusses nicht mehr erfahren.

537 Ebenda, S. 388,26.
538 Ebenda, S. 368,30-31.
539 Ebenda, S. 369,8-10.
540 Ebenda, S. 380,13.
541 Sternbald, S. 397,11.
542 Ebenda, S: 397,19.
543 Ebenda, S. 397,23.

2 Sternbald und die Kunst – talentierter Maler oder vollendeter Künstler?

Es ist offensichtlich, dass Sternbald, gerade im Vergleich mit den marginalen künstlerischen Produktionen eines Heinrich Lee, weitaus häufiger tatsächlich etwas Künstlerisches hervorbringt. Die Lehre bei Dürer mag sein Talent in die richtigen Bahnen gelenkt haben und die Frage nach der richtigen Berufswahl mag für Sternbald schon früh geklärt gewesen sein. Dennoch hält sich Sternbald keineswegs für ein unbestrittenes künstlerisches Talent, vielmehr befallen ihn häufig Zweifel ob seiner Unzulänglichkeit im Vergleich mit den großen Künstler und ihm ist die noch nötige Reifung seines Künstlerdaseins durchaus bewusst.

2.1 Künstlerische Berufung vs. Selbstzweifel

Dass Sternbald sein Künstlertum viel mehr als Berufung denn als Beruf begreift, das wird dem Leser relativ schnell bewusst. Schon zu Beginn der Handlung, als Sternbald mit seiner Pflegemutter Brigitte über den Sinn der Kunst reflektiert, wird die Zweitrangigkeit einer materiellen Absicherung durch die Kunst offensichtlich. Er denke niemals an den Erwerb, wenn er an die Kunst denke[544], vielmehr dünkt ihm die Kunst seine Berufung zu sein, der er in jedem Falle nachfolgen muss, egal ob sie ihm ein finanzielles Auskommen gewährt oder nicht.

Wenn ihm seine Mutter die Übernahme der väterlichen Aufgaben anträgt, wird Sternbalds Rastlosigkeit deutlich, die ihn das Angebot der Mutter ausschlagen lässt. Ihn ruft die Ferne, ihn rufen die großen Künstler und seine Bestimmung zu einem Leben im Sinne der Kunst. Für ihn liegt ein *„seliger Frieden"*[545] in der Kunst und die Malerei gereicht ihm zum Ausdrucksmedium seines seelischen Zustands.[546] Doch schon im ersten Brief an Sebastian wird Sternbalds problematisches Selbstbild deutlich, das ihn auf seinem Weg noch so manches Mal ins Zweifeln geraten lässt. Er beklagt sich über das *„ewige Auf- und Abtreiben"*[547] sei-

544 Ebenda, S. 54, 10-11: *„Ich denke an meinen Erwerb niemals, wenn ich an die Kunst denke, ja ich kann mich selber hassen, wenn ich zuweilen darauf verfalle."*

545 Sternbald, S. 32,29.

546 Im ersten Brief an Sebastian heißt es diesbezüglich: *„Du glaubst nicht, wie gern ich jetzt etwas malen möchte, was so ganz den Zustand meiner Seele ausdrückte und ihn auch bei andern wecken könnte."* (Sternbald, S. 32,29-31) Schon hier deutet sich an, was sich später in Sternbalds bereits erwähntem Konzept einer „Stimmungsmalerei" wieder findet.

547 Ebenda, S. 34,17-18.

ner Gedanken und wünscht sich mehr innere Ruhe, denn dann *„würde vielleicht mit der Zeit ein Künstler aus mir"*[548]. Sternbalds Plan zur Künstlerwerdung reifte unter den behütenden Armen seines Meisters Dürer und in der Gesellschaft seines geistigen Bruders Sebastian. In der Konfrontation mit der realen Welt hinter den Mauern Nürnbergs trifft Franz erstmals auf Menschen, gegen die er seine Kunstauffassung verteidigen muss.[549] Sei es der Schmiedgeselle Messys, der den Nutzen der Kunst in Frage stellt[550], sei es seine Pflegemutter, die befürchtet, er renne ins *„Unglück"* und verliere seine Zeit und seine Gesundheit[551] oder sei es in der zunächst für Sternbald prägendsten Konfrontation mit Zeuner, in welcher er erstmals realisieren muss, dass es noch eine Welt außerhalb der Kunst und außerhalb Nürnbergs gibt und dass nicht alle Menschen Sternbalds Liebe zur Kunst uneingeschränkt teilen.[552] Nachher fragt er sich, wie es komme, *„daß ich wie ein lächerliches Wunder unter den übrigen Menschen herumstehen muß, daß ich auf ihr Reden nichts zu antworten weiß, daß sie meine Fragen nicht verstehen."*[553]

Mit der Zeit, als seine Reise sich immer mehr in die Länge zieht, manifestieren sich alle Varianten der romantischen Rastlosigkeit und der Zweifel an ihm, indem er abwechselnd den Glauben an seine künstlerische Berufung bestätigt oder in Verzweiflung über seine bisherigen malerischen Leistungen gerät. Sternbald ist weit davon entfernt, ein ruhiger und andächtiger Maler der Dürerzeit zu sein[554]. Durch sei-

548 Ebenda, S. 34,21-22.

549 Sternbald erkennt seine Schwierigkeiten mit der „wirklichen" Welt, wenn er gegenüber Lukas von Leyden äußert: *„...solange ich in Nürnberg war, in der Gegenwart des teuren Albrecht, bei meinem Freunde, und von alle dem bekannten Geräte umgeben, konnte ich mich doch immer noch etwas aufrechterhalten. [...] ich fühlte wie ich nach und nach etwas weiterkam, [...] weil ich nun auf einer gebahnten Straße geradeausging. [...] Aber seit meiner Abreise aus Nürnberg hat sich alles das geändert. [...] ich fühle das Edle in den Werken andrer Meister, aber mein Gemüt ist nunmehr so verwirrt, daß ich mich durchaus nicht unterstehen darf, selber an die Arbeit zu gehen."* (Sternbald, S. 98,25 - 99-15)

550 Ebenda, S. 22 ff. Freilich wird Messys im späteren Romanverlauf Sternbalds Begeisterung für die Kunst teilen, wenn er sich selbst vom Schmiedberuf weg hin zur Malerei wendet.

551 Ebenda, S. 53,36-54,1-2.

552 Ebenda, S. 35 ff.

553 Ebenda, S. 40,7-10.

554 Noch kurz vor dem Ende seiner Reise, schreibt Sternbald an Sebastian: *„Mein Geist ist zu unstet, zu wankelmütig, zu schnell von jeder Neuheit ergriffen; ich möchte gern alles leisten, und darüber werde ich am Ende gar nichts tun können."* (Sternbald, S. 368,22-26)

ne übersteigerte Phantasie wird seine künstlerische Leistungsfähigkeit stark beeinträchtigt.[555] Sternbald wird darüber unzufrieden mit sich selbst und seiner Kunst und versperrt sich jeglicher Integration in die konventionelle Gesellschaft, etwa durch eine Ehe[556]. Er fühlt sich darüber hinaus schuldig, da er nicht vermag dem menschlichen Leiden auf praktische Weise abzuhelfen. Sternbald ist hin und her gerissen zwischen künstlerischer Berufung und eigenen Selbstzweifeln. Schreibt er einmal an Sebastian, dass er alle Empfindungen sorglich zu seiner Kunst hinübertrage, so ist er im nächsten Moment wieder befangen von seiner Ängstlichkeit und seiner Bedeutungslosigkeit gegenüber den „wahren" Künstlern. Spricht einmal Zuversicht und Gelassenheit aus seinen Worten, wenn er weiter schreibt: *„So will ich mich denn der Zeit und mir selber überlassen. Soll ein Künstler, kann ein edler Maler aus mir werden, so geschieht es gewiss..."*[557], so muss er manchmal über seinen unbefriedigenden malerischen Umsetzungen beinahe verzweifeln. Es mag jener Zwiespalt in seinem Wesen sein, der den Weg zur Künstlerwerdung erschwert. Ferner mag auch erschwerend hinzu kommen, dass sich Tiecks Roman immer wieder in Nebenhandlungen verliert, die dem aktiven Prozess seiner künstlerischen Weiterentwicklung nicht unbedingt zuträglich sind.

2.2 Sternbalds Weg zum Künstler vs. Ablenkende Faktoren

Sternbalds tatsächliche künstlerische Beschäftigung nimmt, obwohl ihm die Kunst als Beruf und Berufung zunächst als primäres Ziel seiner Wanderung erscheinen mag, eher einen geringen Teil der Handlung ein. Freilich versucht er sich mehrere Male in Portraitzeichnungen, hinterlässt seinem Heimatdorf ein vollendetes und gelungenes Altarbild, oder „restauriert" das klösterliche Bild, das die Geschichte der Heiligen Genoveva darstellt. Dennoch gelingt es ihm nicht, jener Künstler zu werden, der er doch so gerne sein möchte. Immer wieder hemmen ihn

---

555 Im Gespräch mit Lukas von Leyden äußert Sternbald jene Hemmung ganz deutlich: *„Meine innerlichen Bilder vermehren sich bei jedem Schritte, den ich tue [...] die Farben genügen mir nun nicht, die Abwechslung ist mir nicht mannigfaltig genug, ich fühle das Edle in den Werken andrer Meister, aber mein Gemüt ist nunmehr so verwirrt, daß ich mich durchaus nicht unterstehen darf, selber an die Arbeit zu gehen."* (Sternbald, S. 99,3-15)

556 Bei der kurzzeitig angenommenen Zuneigung Saras, der Tochter Vansens, wägt Sternbald das „häusliche" Leben gegen die Freiheit des Künstlerdaseins ab. Dem Leser ist aber unmittelbar klar, dass Sternbalds einzige Erfüllung in jenem rastlosen Wandern, in der Welt der Künste liegen kann. (vgl. hierzu Sternbald, S. 181 ff.)

557 Sternbald, S. 200,10-12.

die bereits erwähnten Selbstzweifel, immer wieder lässt er Werke unvollendet oder lässt sich von den Geschehnissen seiner Reise ablenken und den Endzweck einer vollendeten Künstlerwerdung beinahe völlig vergessen. Er selbst weiß um den geringen Fundus eigener künstlerischer Produktivität und fragt sich selbst *„was [eigentlich] bis jetzt von mir geschehen"*[558] sei.[559] Da seine Kunst aber immer nur im *„Modus der Ahndung"*[560] verbleibt, kann Sternbald seine Gefühle niemals in Kunstprodukte übersetzen und sich nicht als Künstler auf einer *„neue[n], nie betretene[n] Bahn"*[561] etablieren. Das Portrait Maries mag ihm nicht gelingen und das für die heimatliche Gemeinde bestimmte Bild verliert nach seiner Vollendung beinahe völlig den Ausdruck jeglicher Empfindung, der, an die Materialität einer Leinwand entäußert, vielmehr *„gänzlich hinweggelöscht"*[562] wird und nur *„eine Trübe Leere in seinem Innern"* zurücklässt, *„die er mit keinem neuen Entwurfe, mit keinem Bilde wieder ausfüllen konnte."*[563] Auch das klösterliche Gemälde kann den eigenen Ansprüchen Sternbalds nicht gerecht werden. Er kann hier kaum etwas Eigenes schaffen, soll vielmehr das Vorhandene bestehen lassen und lediglich wieder auffrischen. Auch wenn er hier erneut versucht, das Portrait Maries mit einzuarbeiten, gereicht ihm dieser Auftrag mehr zu einer arbeitenden, denn zu einer erfüllenden Tätigkeit.[564]

558 Ebenda, S. 355,9-10.

559 Gerade in Anbetracht der unbefriedigenden Aufgabe im Kloster reflektiert Franz über seine bisherigen Leistungen: *„In Antwerpen habe ich einige Konterfeie ohne sonderliche Liebe gemacht, die Gräfin und Roderigo nachher gemalt, weil sie in ihn verliebt war, und nun stehe ich hier, um Denksprüche, schlecht geworfene Gewänder, Hirsche und Wölfe neu anzustreichen."* (Sternbald, S. 355,11-16)

560 So bezeichnet es Christoph Brecht. (Brecht, Christoph: Die gefährliche Rede, S. 85)

561 Sternbald, S. 70,34-35.

562 Sternbald, S. 66,33-34.

563 Ebenda, S. 66,34-36. Immerhin zieht sich Sternbald später das Lob Dürers zu, wenn er über dieses Gemälde Sternbalds zu Lukas von Leyden sagt: *„Franz hat darin zwei wunderbare Erleuchtungen angebracht, die das Bild sehr rührend machen und worauf ich noch niemals gefallen bin. Alles ist zierlich und lieblich und verdrängt doch die Sache nicht, die dargestellt werden sollte. Ich habe mich an dem Bilde recht ergötzt, und ich kann sagen, daß ich in der Tat etwas davon gelernt habe. […] das Bild erweckt heilige und andächtige Empfindungen, und ich habe mich recht glücklich geschätzt, daß Franz mein Schüler ist."* (Sternbald, S. 123,3-15)

564 In Anbetracht seiner neuen Arbeit heißt es von Franz: *„Er fühlte, daß er nur als Handwerker gedungen sei, etwas zu machen, wobei ihm seine Kunstliebe, ja sein Talent völlig überflüssig war."* (Sternbald, S. 355,7-9) Wenige Zeilen später scheint er sich jedoch mit der neuen Aufgabe arrangiert zu haben, wenn er sagt: *„Warum sollte ein Maler nicht allenthalben auch am unwürdigen Orte,*

So kann Tiecks Roman viel eher als ein Roman der Künstlergespräche und Kunstreflexionen gesehen werden, denn als ein Werk tatsächlich ausgeübter Kunst. Schon bei der Behandlung Dürers und anderer deutscher Künstler der Renaissancezeit liegt der Schwerpunkt, ebenso wie bei Sternbalds eigener Kunst, weniger auf den von ihnen produzierten Kunstwerken als auf der gottesfürchtigen Gesinnung und dem emotionalen Ausdruck, die in den Bildern zum Ausdruck kommen. Zu den wenigen Bildbeschreibungen im Text[565] gehört unter anderem auch das Lob von Dürers Stich „Der Heilige Eustachius" durch Lukas von Leyden. Doch auch hier wird das Bild gerühmt *„nicht bloß der schönen Ausführung, sondern vorzüglich der Gedanken halber, die für mich darin liegen."*[566]

Es geht hier immer wieder viel mehr um die Kunst als ästhetisches Prinzip, als emotionales Ausdrucksmedium, denn als rein mimetische, technisch hoch präzisierte Ausdrucksform. Die nach und nach neu in die Handlung eingeführten Künstlerpersönlichkeiten gewinnen kaum an charakterlicher Tiefe, dienen Sternbald eher zu Konversationspartnern, die in ihren Ansichten dem jungen Franz entweder bestärkend zureden oder durch ihre andere Meinung bei Sternbald verteidigende Reden des eigenen Kunstkonzepts auslösen. So verliert sich Sternbald im Reden über die Kunst, anstatt seinen Kunstanschauungen in der realen malerischen Umsetzung „Gehör" zu verschaffen. Doch verliert er sich nicht nur in Worten, sondern eben auch, wie bereits erwähnt, gerade in der Gesellschaft des prototypisch-romantischen Wanderers Florestan, immer wieder in „Abenteuern", die ihn von seinem eigentlichen Weg abbringen. Aber auch die Liebe zu Marie wird immer mehr zur treibenden Kraft und wenn Franz Rustici ihm die Liebe als einen der wichtigsten *„Lehrmeister in der Kunst"*[567] anpreist, mag er mit seinen Worten Sternbald direkt aus der Seele sprechen. Sternbalds wankelmütiges Wesen und sein ästhetisches Kunstkonzept führen ihn abwechselnd nahe an die Kunst heran und wieder von ihr weg.

Spuren seines Daseins lassen? Er kann allenthalben ein Monument seiner schönen Existenz schaffen, vielleicht daß doch ein seltener zarter Geist ergriffen und gerührt wird, ihm dankt und aus den Trübseligkeiten sich eine schöne Stunde hervorsucht." (Sternbald, S. 355,23-30)

565 Richard Littlejohns weist treffend darauf hin, dass hier von *Bildanalysen* kaum die Rede sein könne. (Littlejohns, Richard: Der Rutsch in die Fiktion, S. 169)

566 Ebenda, S. 13-15.

567 Ebenda, S. 375,23-24.

Bis zum Ende des Romans hat es Sternbald noch nicht geschafft, sich zu jenem Künstler zu entwickeln, der ihm seit Beginn seiner Reise als erstrebenswertes Ziel erschienen war. Gerade auch mit der immer wieder so deutlich hervortretenden Liebesgeschichte, scheint sich das Telos seiner Reise immer mehr in Richtung Marie zu verschieben. Wenn der fragmentarische Schluss dann die Vereinigung der Liebenden vorbereitet, muss der Leser sich sein eigenes Bild davon machen, ob Sternbald die Vollendung seiner Künstlerlaufbahn noch erreichen oder sich erneut in anderen Bereichen des Lebens verlieren wird.

Wurden hier nun abschließend die unterschiedlichen Darstellungen der Kunst in beiden Romanen gegenübergestellt, so muss auffallen, dass beide Protagonisten ihr erstrebtes Ziel nicht erreichen können. Wenn freilich Heinrichs Entwicklung weitaus negativer dargestellt wird, als die Laufbahn Sternbalds, so muss doch bei beiden das Ungenügen an der Umsetzung ihres Wunsches nach dem Beruf des Malers deutlich werden. Der fehlgeschlagenen Entwicklung eines Heinrich Lee tritt der persönliche Stillstand Franz Sternbalds gegenüber. Bei Sternbald findet sich kaum eine charakterliche Weiterentwicklung, vielmehr bewahrt er sich sein kindliches Gemüt und eine Reifung im Sinne eines „Weiser- und Erwachsenerwerdens" ist kaum auszumachen.[568]

Ebenso wie Heinrich hält er an dem Entschluss zum Malerberuf fest, wird aber im Gegensatz du diesem kein einziges Mal in die Situation gebracht, sich nicht aus eigener Kraft ernähren zu können. Vielmehr wird der materielle Erwerb der Kunst weitgehend ausgeblendet, über Sternbalds finanzielle Existenz kein Wort verloren. Bei Heinrich darf die Kunst keine brotlose sein, da er sich keineswegs auf einer romantisch-idealisierten Reise in „Abenteuern" und Kunstgesprächen verlieren kann. Ihm muss der finanzielle Aspekt stets gegenwärtig sein und so wird er von Keller auch weit drastischer thematisiert, als es bei Tieck der Fall ist. So kommt denn Heinrich gegen Ende des Romans, wenn auch weitaus zu spät, die Einsicht, *„in welcher Weise er sich in der Berufswahl getäuscht"*[569] hat. Ihm wird sein mangelndes Talent bewusst und da er den Anforderungen der wirklichen Welt nicht gewachsen ist, muss er sein idealisiertes Selbstbild und das damit verbundene ideali-

568 Schon zu Beginn des Romans wird das kindliche Wesen Sternbalds deutlich, das er auch im weiteren Romanverlauf beibehalten wird: *„O Sebastian, mag die ganze Welt klug und überklug werden, ich will immer ein Kind bleiben."* (Sternbald, S. 19,16-18)

569 Der Grüne Heinrich, S. 823,36.

sierte eigene Künstlertum aufgeben und als gescheiterter Mann in die Heimat zurückkehren. Auch Sternbald wird immer wieder von Selbstzweifeln ergriffen und er selbst stellt seine Fähigkeiten in Frage. Doch schafft es Sternbald weit eher als Heinrich, sich im übrigen Leben nicht völlig zu isolieren. Ihm bleibt ja immerhin die erfüllte Liebe, die ihm, auch bei einer möglichen fehlschlagenden künstlerischen Weiterentwicklung, einen Halt geben könnte.

Zwar hat auch Sternbald, gerade zu Beginn seiner Reise, große Probleme, sich in einer Welt außerhalb der Dürerschen Künstlerstube zurechtzufinden und auch ihm bleibt im gesamten Romanverlauf eine tatsächliche Integration in die bürgerliche Gesellschaft verwährt, dennoch scheint diese, aus der Einzigartigkeit des Künstlerdaseins resultierende, Isolation bei Heinrich weit schwerer zu wiegen. Heinrich sowie Franz treffen immer wieder auch auf Menschen, die sie zu Konversationen über die Kunst anregen. Bei Heinrich sind das hauptsächlich Erikson und Ferdinand Lys, die in ihrer Unterschiedlichkeit auch noch als zwei verschiedene Gegenfiguren zu Heinrich erscheinen. Bei Sternbald häufen sich die Künstlerpersönlichkeiten, denen er auf seinem Weg begegnet. Es beginnt schon bei Albrecht Dürer und endet mit den Künstlern der italienischen Renaissance.

Doch obwohl sich beide Protagonisten fortwährend mit dem Thema Kunst auseinandersetzen, sei es in Form von Kunstgesprächen oder im inneren Bild einer eigenen Kunstauffassung, vermögen sie nicht, ihr inneres Kunstverständnis im Bild nach außen zu tragen. Während Heinrichs Konzept einer „Gedankenmalerei" durch seine mangelnden Fähigkeiten nicht zum künstlerischen Ausdruck kommen kann, sich vielmehr letztendlich in bloß „nützlichem" Kunst-Handwerk gänzlich zu verlieren scheint, so kann auch Sternbald seine Idee einer „Stimmungsmalerei" kaum umsetzen. Sein Versuch, das Portrait seiner Geliebten im Antlitz der heiligen Genoveva darzustellen, bleibt ungewürdigt und es scheint, als ob Sternbald sein Kunstkonzept nur theoretisch, aber nicht praktisch verwirklichen kann. Die Thematisierung der Kunst ist in beiden Romanen vordergründiges Motiv. Zeitliche Bezüge und Probleme werden mit in die Handlung aufgenommen und verkörpern die unterschiedlichsten Kunstauffassungen.

Was bei Keller an einer industriellen Kunst kritisiert wird, klingt auch schon im *Sternbald* an, wenngleich jene Kritik hier natürlicherweise, im Rahmen der Darstellung des Renaissancekünstlertums, als anachronistisch erscheinen muss. So findet man in beiden Romanen junge „Künstler“, die sich in der Fremde weiterentwickeln und vervollständigen wollen und beiden bleibt diesbezüglich die absolute Erfüllung versagt, wobei Heinrich am Ende stirbt und Sternbald im Finden seiner Geliebten sein wahres Glück zu erreichen glaubt, Tiecks Roman also weitaus positiver schließt als die Geschichte des Heinrich Lee.

VII Schluss

Beide Romane müssen in ihrer Vielschichtigkeit und ihrer Andersartigkeit auch immer im Kontext ihrer Entstehungszeit gesehen werden. Beide Werke wurden von den Zeitgenossen keineswegs nur applaudierend gefeiert, sondern erfuhren neben Lob auch häufig Kritik. Bei Keller geht es sogar soweit, dass er selbst mit seinem Roman als Ganzem so unzufrieden war, dass er schon 1854 eine Überarbeitung und die Verbesserung grundlegender Fehler in einer künftigen Neufassung plant.[570] Mit der zweiten Fassung von 1879/80 in Händen geht Keller sogar so weit, sich von der früheren Fassung vollständig zu distanzieren. *„Die Hand möge verdorren, welche je die alte Fassung wieder zum Abdruck bringt"*[571], soll Keller in Anbetracht der Neufassung geäußert haben. Trotzdem wollte die hier vorliegende Arbeit versuchen, das umzusetzen, was Keller eigentlich bei der Rezeption seiner zweiten Fassung umgesetzt sehen wollte, nämlich die Ur-Fassung *„aus sich heraus zu beurteilen"*.[572]

Die zeitgenössische Kritik reagierte keineswegs enthusiastisch auf Kellers Werk und es dauerte geraume Zeit, bis sich gerechtere Urteile über das Buch einstellten, das viele Leser damals als Bildungsroman verstanden wissen wollten. Jedenfalls erwartete man von Keller einen solchen und las nun einen Roman, der einerseits viel bunter war, andererseits aber auch viel umwegiger und radikaler, was Bildung und Entwicklung anging und offenbar viele Leser ratlos und verwirrt zurückließ. Bei den immer wieder angestrebten Vergleichen mit Goethes *Wilhelm Meister* zeigen sich doch häufig solch gravierende Unterschiede, dass jegliche Reduzierung des *Grünen Heinrich*, auf eine negativer gefärbte Kopie des Goetheschen Werkes als zu einseitig erscheinen muss. Schon das quasi-selbstmörderische Ende des *Grünen Heinrich* widerspricht den Aufschwüngen und der nur durch leise Ironie gemilderten Zuversichtlichkeit des Goetheschen Bildungsromans. Dass es am Ende des *Grünen Heinrichs* keine höhere Sinnzuweisung gibt, ist wohl gerade das Zeichen seiner Modernität. Auch wenn vieles darin so treuherzig, idyllisch und in einem erwärmenden Sinne provinziell anmutet und, wie Drews richtig andeutet, sich in Kellers Roman, trotz aller Ge-

570 Darauf weist unter anderem Jörg Drews im Nachwort zum *Grünen Heinrich* in der Fassung von 1854/55 hin. (S. 937)

571 Zitiert nach Baechtold, Jakob: Gottfried Kellers Leben. Seine Briefe und Tagebücher, 3 Bände, Berlin 1894-97, Bd. 2, S. 54.

572 Hier zitiert nach Daniel Rothenbühler: Der Grüne Heinrich 1854/55, S. 12.

sellschaftsnähe und einer eindeutigen Realitätsbezogenheit, durchaus noch Spuren des romantischen Künstlerromans finden lassen.[573]

Hier spannt sich der Bogen zu Tiecks *Franz Sternbalds Wanderungen*, der, obwohl eines der meist gelesenen Bücher seiner Zeit, ebenso wie Kellers Werk häufig Kritik erfuhr. Wenn Goethe über seine Verwunderung bezüglich des *Sternbalds* schreibt, und kritisiert, *„wie leer das artige Gefäß ist"*[574], zeigt sich schon die Problematik der Sternbald-Rezeption. Auch in den Worten Caroline Schlegels, schwingt Kritik mit, wenn sie an Friedrich Schlegel schreibt: *„...es fehlt an durchgreifender Kraft – man hofft immer auf etwas Entscheidendes, irgendwo den Franz beträchtlich vorrücken zu sehn. Tut er das? Viele liebliche Sonnenaufgänge und Frühlinge sind wieder da; [...] es ist das alles sehr artig, aber doch leer..."*[575]. Die divergierenden Meinungen zu Tiecks frühromantischem Roman begründen sich schon in der Widersprüchlichkeit des Textes an sich. Die Tiecksche Mischung von Gattungen, Stilen, Stoffen und Stimmungen werden einerseits als *„poetische Urform"* gerühmt, andererseits müssen sich diese literarischen Neuerungen Tiecks auch die Kritik gefallen lassen, dass sich die Handlung in *„leerer poetischer Sublimierung"* und *„frömmelnder Überschwenglichkeit"* verliere.[576] Oft wird Tiecks Roman als echt deutscher Künstlerroman betrachtet, der in seiner Apotheose der Kunst der damals aufkommenden banausischen Kunstbetriebsamkeit entgegenwirkte. Es würde hier zu weit führen, die deutlich kontrastierenden Rezeptionen der Zeitgenossen Tiecks bis ins Detail hin zu analysieren. Es sei nur festgehalten, dass gerade die Widersprüchlichkeit in Tiecks Roman mitunter das Interessanteste an seinem Werk ausmacht. Während die wenig fortschreitende Handlung manchen Leser wohl langweilen mag, können andererseits die ausschweifenden Künstlergespräche, die verschiedenen Stimmungs- und Naturbilder sowie die auffällige Vermischung verschiedenster Gattungen und Stile einen anderen Leser faszinieren.

Ähnlich mag es sich bei Kellers Roman verhalten. Während die Handlung zunächst erst einmal direkt von der reflektierenden Lektüre der Jugendgeschichte unterbrochen wird, findet auch hier kaum eine Weiterentwicklung des „Helden" statt. Die „Reifung" des „grünen" Heinrichs und die Romanhandlung scheinen zu stagnieren und enden mit

573 Jörg Drews im Nachwort zum *Grünen Heinrich*, S. 938.
574 Hier zitiert nach Günzel, Klaus: Ludwig Tieck, S. 165.
575 Hier zitiert nach Günzel, S. 166.
576 Alle Begriffe zitiert nach Alfred Anger, S. 546/47.

dem Rückweg des gescheiterten Protagonisten. Dennoch müssen beide Werke aus sich heraus betrachtet das Interesse des Lesers wecken, da sie gerade aufgrund ihrer Widersprüchlichkeit und der Vielschichtigkeit der behandelten Themen auf das Romanende neugierig machen und den Leser somit zur fortschreitenden Lektüre anhalten. Beide Werke behandeln das Motiv der „Künstlerwerdung". Beide Autoren bedienen sich dabei einer Varietät von Motiven, um die Problematik und das Wesen einer solchen Laufbahn zu verdeutlichen.

Es wurde in der hier vorliegenden Arbeit deutlich, dass sich sowohl bei Keller als auch bei Tieck ähnliche Motivstrukturen ausmachen lassen, die, einzeln betrachtet und in den Kontext der jeweiligen Zeit versetzt, freilich auf unterschiedlichste Art literarisch umgesetzt werden.

Der romantische Tieck ergibt sich romantischen Fiktionen und historischen Anachronismen und stellt dabei eine bunte Reihe von verschiedenen romantischen Projektionen und Wunschträumen her, die zwar ansprechend sind, aber auch in Konflikt miteinander geraten. Tiecks Roman dient als Quelle einer ganzen Skala romantischer Begrifflichkeiten, die die Empfindungen jener Zeit repräsentieren. Andererseits kann der Roman so keine genügende Einheit erzielen, weder in der Handlung noch thematisch, und durch das Phantasieren des Erzählers bleibt der Weg zu einer einheitlichen Handlung oder historischen Darstellung verwährt.

Kellers Werk, das ob seiner zahlreichen autobiographischen Bezüge zu weit reichenden Interpretationen anregen kann, besitzt im Gegensatz zu Tiecks Werk eine ganz andere historische Konkretheit. Seine Schauplätze sind lokalisierbar und die Wanderung Heinrichs nach München lässt sich auf die frühen vierziger Jahre des 19. Jahrhunderts datieren. Die Formen des Handels und die geschilderten Ansätze zu einer Kunstindustrie in Zürich und München sind konkret und wirtschaftsgeschichtlich fortgeschritten. Im selben Moment scheint damit aber für Keller ungewisser geworden zu sein, auf welche Idealvorstellung denn die Entwicklung Heinrichs eigentlich hätte ausgerichtet werden können - außerhalb des Plans, dass er eben privat und beruflich seinen Platz in der Gesellschaft finden soll. Noch erschwerend hinzu treten die mangelnden Fähigkeiten und die problematische Leistungshemmung des jungen Künstlers, die den willensschwachen und beinahe entwicklungsunfähigen Protagonisten den Weg in eine erfüllte Zukunft verbauen. Dass Keller selbst dieser problematischen Charakterzeichnung nicht vollends gewachsen war, mag der abrupte Schluss belegen und darauf, dass er in der zweiten Fassung jenes Ungenügen durch den positiveren Schluss zu „überspielen“ versucht, weißt auch Jörg Drews hin, wenn er bezüglich der zweiten Fassung von der Umsetzung eines notwendigerweise *„verlangte[n] Positivum[s]“*[577] spricht.

Die hier vorliegende Arbeit wollte versuchen, beide Romane in sich zu begreifen, gleichzeitig aber die Motivstrukturen einander gegenüberzustellen, um eventuelle Gemeinsamkeiten und augenfällige Unterschiede herauszuarbeiten. Es mag in der Gesamtheit der Betrachtungen aufgefallen sein, dass Tiecks Roman weitaus positiver und lebensbejahender verfasst ist als das realistische "Pendant" Kellers.

Keller lässt seinen Helden scheitern und das nicht nur bezüglich der Kunst und des fatalen Irrtums seiner Berufswahl, sondern auch in zwischenmenschlichen Beziehungen und gerade auch in seiner Liebe zu den verschiedenen Frauenfiguren. Die Unfähigkeit Heinrichs, angemessen mit dem ohnehin schon spärlich vorhanden „Vermögen“ umzugehen, fügt sich logisch in dessen offensichtliche Problematik bei der Integration in die reale Welt und Gesellschaft. Seine Probleme in der Konfrontation mit der Welt resultieren aus einem inneren Konflikt, aus depressiven Verstimmungen und dem scheiternden Versuch einer, von Heinrich geschaffenen, idealisierten Selbstvorstellung, der er niemals gerecht werden kann. Die Möglichkeiten, die sich ihm bieten, kann er aufgrund seiner seelisch-emotionalen Hemmungen nicht ergreifen und über alle fehlschlagenden Versuche, sich im Leben zu etablieren hinaus, macht er sich letztlich auch noch indirekt am Tod seiner Mutter schuldig. So erscheint der Tod Heinrichs beinahe als einzige logische Konsequenz, die jener Reihe von Schicksalsschlägen folgen muss.

Anders verhält es sich bei Franz Sternbald. Zwar muss auch dieser zunächst mit den Anforderungen der Welt zurechtzukommen lernen, doch bezieht sich diese Problematik hierbei nicht auf eine finanzielle Misere und ein hohes inneres Konfliktpotenzial, sondern vielmehr auf ein gefühltes Unverständnis und ein daraus resultierendes Einsamkeitsgefühl. Doch Sternbald bleibt nicht lange allein, findet auf seinem Weg eine Reihe von Freunden und Gleichgesinnten und findet selbst in Zeiten des Selbstzweifels Rückhalt in Personen wie Sebastian, Dürer und der zunächst fiktiven Liebe zu Marie. Ihm bleibt der Weg zum

577 Alfred Anger, S. 940.

Künstler nicht versagt, auch wenn seine offensichtlichen Probleme mit realer künstlerischer Arbeit und der offene Schluss eine Vollendung seines Werdegangs als zumindest fraglich erscheinen lassen können. Eine lineare Handlungsentwicklung kann in Tiecks Roman kaum ausgemacht werden, vielmehr verliert sich der Roman in Kunstdiskursen und romantischen Abenteuern, hüllt Sternbald in das Gewand der rätselhaften Herkunft und der verklärten Suche nach der unbekannten Geliebten und lässt das eigentliche Thema einer Entwicklung zum reifen Künstler immer wieder in den Hintergrund des Geschehens zurücktreten. Dass Tieck zeitlebens nicht vermochte, den Roman doch noch zu Ende zu schreiben, mag aus der Widersprüchlichkeit desselben resultieren und so muss der Leser allein zurückbleiben, lediglich mit Plänen über Tiecks geplantes Ende vorliebnehmen und kann sich eigentlich nur in Spekulationen über einen möglichen weiteren Verlauf verlieren.

Ein Vergleich der beiden Romane bot sich deshalb an, weil hier ähnliche Themen auf der Basis unterschiedlicher Epochen und Dichterbiographien literarisch umgesetzt wurden. Das Interessante zeigte sich hierbei vor allem darin, dass in beiden Romanen Motive der Liebe, der Religion, des Reisens und natürlich der Kunst ausgemacht werden können und in den Lebensweg der Protagonisten mit aufgenommen sind, freilich aber in einer vollkommen unterschiedlichen und gerade deshalb so betrachtenswerten Weise dargestellt werden. So ergibt sich die direkt vergleichende, gegenüberstellende Interpretation, die dieser Arbeit zu Grunde liegt und die versuchen wollte, die jeweilige Idee des Autors und die tatsächliche Umsetzung der dargestellten Motive näher zu beleuchten. Man muss versuchen, beide Romane aus sich heraus zu verstehen, bevor man sie zueinander in Beziehung setzen kann. Erst dann können die Unterschiede der beiden „Künstlerromane" augenscheinlich und begreiflich werden. Letztendlich kann man in Kellers *Grünem Heinrich* vielleicht eine Art entromantisiertes Gegenbild zu Tiecks *Franz Sternbalds Wanderungen* sehen, das gerade in der negativen Konnotation des Kellerschen Romans und seiner „Anti-Apotheose" der Kunst besonders deutlich an Gestalt gewinnen mag.

Kellers Roman erschien erst ein Jahr nach dem Tod Ludwig Tiecks und es wäre interessant zu wissen, wie der „König" der Romantik jene realistisch-düster gefärbte Künstlergeschichte seines Dichterkollegen wohl aufgenommen hätte. Hätte er selbst Parallelen zu seinem eigenen Werk gezogen oder hätte er die negative Grundstimmung, die Kellers

Roman zugrunde liegt als der Kunst unwürdig verurteilt? Diese Frage muss leider weiterhin einer Antwort entbehren und es bleibt nur zu vermuten, dass Tieck Kellers „Versuch“ der Schilderung einer Künstlerwerdung sicherlich seinen Tribut gezollt hätte, auch wenn Keller selbst sich von jeglicher Verbindung zum Typus des romantischen Künstlerromans distanzieren wollte.

VIII Bibliographie

Primärliteratur:

Gottfried Keller:

Keller, Gottfried: Der Grüne Heinrich, Erste Fassung 1854/55, Studienausgabe, hg. v. Jörg Drews, Stuttgart 2003.

Keller, Gottfried: Schön ist doch das Leben!, Biographie in Briefen, hg. v. Peter Goldammer, Berlin 2001.

Keller, Gottfried: Gesammelte Briefe in vier Bänden, hg. v. Carl Helbling, Bern 1950.

Keller, Gottfried: Briefe und Tagebücher 1830-1855, Erinnerungen an Gottfried Keller, Zürich 1943.

Keller, Gottfried: Autobiographisches, in: Gottfried Kellers nachgelassenen Schriften und Dichtungen, hg. v. Jakob Baechtold und Wilhelm Hertz, Berlin 1876, S. 7-22.

Keller, Gottfried: Sämtliche Werke, hg. v. Jonas Fränkel und Carl Helbling, Zürich/Bern 1926-1948

Gottfried Kellers Leben. Seine Briefe und Tagebücher, 3 Bände, hg. v. Jakob Baechtold, Berlin 1894-97.

Ludwig Tieck:

Tieck, Ludwig: Franz Sternbalds Wanderungen, Studienausgabe, hg. v. Alfred Anger, Stuttgart 1966.

Tieck, Ludwig: Kritische Schriften. Zum ersten Mal gesammelt und mit einer Vorrede hg. von Ludwig Tieck, 2 Bände, Leipzig 1848.

Tieck, Ludwig: Werke in vier Bänden, hg. v. Marianne Thalmann, München 1963.

Wilhelm Heinrich Wackenroder/Ludwig Tieck: Herzensergießungen eines kunstliebenden Klosterbruders, Reclamausgabe, hg. v. Richard Benz, Stuttgart, 1955.

Zeitgenossen:

Eichendorff, Joseph von: Geschichte der Poesie, hg. v. Hartwig Schultz, in: Werke in 6 Bänden, hg. v. Wolfgang Frühwald u.a., Frankfurt 1990.

Nicolai, Friedrich: Beschreibung einer Reise durch Deutschland und die Schweiz, im Jahre 1781, Bd. I, Berlin 1788.

Schleiermacher, Friedrich: Über die Religion. Reden an die Gebildeten unter ihren Verächtern, hg. v. Hans-Joachim Rothert, Hamburg 1958.

Wackenroder, Wilhelm Heinrich: Sämtliche Werke und Briefe, hg. v. Silvio Vietta und Richard Littlejohns, Heidelberg 1991.

Sekundärliteratur:

Monographien:

Baumann, Walter: Auf den Spuren Gottfried Kellers, „Als ob ich ein großer Mann wäre...", Zürich 1984.

Boeschenstein, Hermann: Gottfried Keller, Stuttgart 1969.

Bollacher, Martin: Wackenroder und die Kunstauffassung der frühen Romantik, Darmstadt 1983.

Dahlhaus, Karl: Die Idee der absoluten Musik, Kassel 1994.

Dennerle, Iris: Von Namen und Dingen. Erkundungen zur Rolle des Ichs, Würzburg 2001.

Enayat, Edda: Gottfried Keller: Der Grüne Heinrich. Versuch einer literaturpsychologischen Werkanalyse (Diss.), Freiburg 1985.

Ermatinger, Emil: Gottfried Kellers Leben. Mit Benutzung von Jakob Baechtolds Biographie dargestellt, Zürich 1950.

Ewers, Hans-Heino: Kindheit als poetische Daseinsform. Studien zur Entstehung der romantischen Kindheitsutopie im 18. Jahrhundert. Herder, Jean-Paul, Novalis, Tieck. München 1989.

Fehr, Karl: Der Realismus in der schweizerischen Literatur. Bern/ München 1965.

Garmann, Gerburg: Die Traumlandschaften Ludwig Tiecks, 1989.

Günzel Klaus: König der Romantik. Das Leben des Dichters Ludwig Tieck in Briefen, Selbstzeugnissen und Berichten, Berlin 1981.

Hitschmann Eduard: Gottfried Keller, Psychoanalyse des Dichters, seiner Gestalten und Motive , Wien 1919.

Kaiser, Gerhard: Gottfried Keller. Das gedichtete Leben, Frankfurt a.M. 1981.

Kern, Johannes P.: Ludwig Tieck. Dichter einer Krise. Heidelberg 1977.

Köpke, Rudolf: Ludwig Tieck. Erinnerungen aus dem Leben des Dichters nach dessen mündlichen und schriftlichen Mitteilungen, Teil 1 und 2, Leipzig 1855.

Landolf, Peter: Kind ohne Vater. Ein psychologischer Beitrag zur Bestimmung der Vaterrolle. Bern 1968.

Lippelt, Thomas: Studien zum Wortgebrauch in den Romanen der deutschen Frühromantik. Vergleichende Wortfeld-Untersuchungen zu Wilhelm Heinrich Wackenroders „Herzensergießungen eines kunstliebenden Klosterbruders“, Ludwig Tiecks „Franz Sternbalds Wanderungen“, Friedrich Schlegels „Lucinde“, Novalis' „Heinrich von Ofterdingen“ und Dorothea Veits „Florentin“, München 1976.

Loewenich v., Caroline: Gottfried Keller: Frauenbild und Frauengestalten im erzählerischen Werk, Würzburg 2000.

May, Ernst: Gottfried Kellers „Sinngedicht“. Eine Interpretation, Bern 1969.

Metz, Klaus-Dieter: Gottfried Keller. Stuttgart 1995.

Muschg, Adolf: Gottfried Keller, München 1980.

Pikulik, Lothar: Romantik als Ungenügen an der Normalität. Am Beispiel Tiecks, Hoffmanns, Eichendorffs, Frankfurt a.M. 1979.

Preisendanz, Wolfgang: Humor als dichterische Einbildungskraft. Studien zur Erzählkunst des poetischen Realismus, München 1976.

Rohe, Wolfgang: Roman aus Diskursen. Gottfried Keller: Der Grüne Heinrich (Erste Fassung 1854/55) München 1993.

Schaffner, Paul: Gottfried Keller als Maler. Stuttgart/Berlin 1923.

Stanzel, Franz K.: Theorie des Erzählens, Göttingen 1979.

Strehlow, Falk: Mann-Gott-Frau. Motive modernen Erzählens. Stuttgart 2001

Stumpp, Gabriele: Müßige Helden. Studien zum Müßiggang in Tiecks „William Lovell“, Goethes „Wilhelm Meisters Lehrjahre“, Kellers „Grünem Heinrich“ und Stifters „Nachsommer“, Stuttgart 1992.

Monographien in Reihen:

Behler, Ernst: Frühromantik, (Sammlung Göschen, 2807), Berlin 1992.

Brandenburger-Frank, Sabine: Mignon und Meret. Schwellenkinder Goethes und Gottfried Kellers (Würzburger Wissenschaftliche Schriften, Bd. 393) Würzburg 2002.

Brecht, Christoph: Die gefährliche Rede. Sprachreflexion und Erzählstruktur in der Prosa Ludwig Tiecks (Studien zur deutschen Literatur, Bd. 126), Tübingen 1993.

Brenner, Anne: Leseräume. Untersuchungen zu Lektüreverfahren und - funktionen in Gottfried Kellers „Der Grüne Heinrich" (Würzburger Wissenschaftliche Schriften, Bd. 336) Würzburg 2000.

Görte, Erna: Der junge Tieck und die Aufklärung (Germanische Studien, Heft 45) Berlin 1926.

Heckendorn, Thomas: Die Problematik des Selbst in Gottfried Kellers Grünem Heinrich (Europäische Hochschulschriften, Reihe 1, Deutsche Sprache und Literatur, Bd. 1163) Frankfurt a.M. u.a. 1989.

Hellge, Rosemarie: Motive und Motivstrukturen bei Ludwig Tieck (Göppinger Arbeiten zur Germanistik, Nr. 123) Göppingen 1974.

Hildt, Friedrich: Gottfried Keller. Literarische Verheißung und Kritik der bürgerlichen Gesellschaft im Romanwerk (Abhandlungen zur Kunst-, Musik- und Literaturwissenschaft, Bd. 275) Bonn 1978.

Hölter, Achim: Ludwig Tieck. Literaturgeschichte als Poesie (Beihefte zum Euphorion. Zeitschrift für Literaturgeschichte, Heft 24), Heidelberg 1989.

Kessel, Ruth M.: Sprechen - Schreiben - Schweigen. Mutterbindung und Vaterimago des grünen Heinrich im Spiegel seines kommunikativen Verhaltens (Europäische Hochschulschriften, Reihe 1, Deutsche Sprache und Literatur, Bd. 1076), Frankfurt a.M. 1988.

Laufhütte, Hartmut: Wirklichkeit und Kunst in Gottfried Kellers Roman „Der Grüne Heinrich" (Literatur und Wirklichkeit, Bd. 6), Bonn 1969.

Liepe, Wolfgang: Das Religionsproblem im neueren Drama von Lessing bis zur Romantik (Hermeae XII, hg. v. Philipp Strauch), Halle 1914.

Maag, Georg: Kunst und Industrie im Zeitalter der ersten Weltausstellungen. Synchronische Analyse einer Epochenschwelle (Theorie und Geschichte der Literatur und der schönen Künste, Bd. 74), München 1986.

McHale, John L.: Die Form der Novellen „Die Leute von Seldwyla" von Gottfried Keller und der „Schwarzwälder Dorfgeschichten" von Berthold Auerbach (Sprache und Dichtung, Neue Folge, Bd. 2), Bern 1957.

Meier, Hans: Gottfried Kellers „Grüner Heinrich". Betrachtungen zum Roman des poetischen Realismus (Zürcher Beiträge zur deutschen Literatur- und Geistesgeschichte, Bd. 46), Zürich 1977.

Paulin, Roger: Ludwig Tieck (Sammlung Metzler. Realien zur Literatur, Bd. 185)Stuttgart 1987.

Rothenühler, Daniel: Der Grüne Heinrich 1854/55. Gottfried Kellers Romankunst des „Unbekannt-bekannten" (Zürcher Germanistische Studien, Bd. 56) Bern 2002.

Segebrecht, Wulf: Ludwig Tieck (Wege der Forschung, Bd. 386), Darmstadt 1976.

Selbmann, Rolf: Gottfried Keller, Romane und Erzählungen, (Klassiker Lektüren, Bd. 6), Berlin 2001.

Spies, Bernhard: Behauptete Synthesis. Gottfried Kellers Roman „Der Grüne Heinrich" (Abhandlungen zur Kunst-, Musik- und Literaturwissenschaft, Bd. 263), Bonn 1968.

Zhang, Yun-Young: Verschwiegene und schweigende Individuen im realistischen Roman. Eine Untersuchung zum „Grünen Heinrich" und zur „Effi Briest" (Literatur in der Diskussion, Bd. 1), Pfaffenweiler 1996.

Aufsätze:

Alewyn, Richard: „Ein Fragment der Fortsetzung von Tiecks „Sternbald", in: Jahrbuch des Freien Deutschen Hochstifts, 1962, S. 58-68.

Amrein, Ursula: „Süße Frauenbilder zu erfinden, wie die bittre Erde sie nicht hegt!" Inszenierte Autorenschaft bei Gottfried Keller, in: Rede zum Herbstbott, Jahrbuch der Gottfried Keller Gesellschaft, Bd. 65, Zürich 1995, S. 3-24.

Bänsch, Dieter: Zum Dürerbild der literarischen Romantik, in: Zur Modernität der Romantik (Literaturwissenschaft und Sozialwissenschaften, Bd. 8), Stuttgart 1977, S. 61-86.

Begemann, Christian: Ein Mantel, doktrinäre Physiognomisten und eine grundlose Schönheit. Körpersemiotik und Realismus bei Gottfried Keller, in: Methodisch reflektiertes Interpretieren. Festschrift für Hartmut Laufhütte zum 60. Geburtstag, hg. v. Hans-Peter Ecker, Passau 1997.

Camartin, Iso: Kleine Frauenschule, in: Der Gottfried-Keller-Rabe, Zürich 2000, S. 138-145

Geulen, Hans: Zeit und Allegorie im Erzählvorgang von Ludwig Tiecks Roman „Franz Sternbalds Wanderungen", in: GRM NF 18, 1968, S. 281-298.

Hahl, Werner: Zur immanenten Theorie und Ästhetik des Erlebens in Gottfried Kellers *Der Grüne Heinrich* (erste Fassung 1854/55), in: Bildung und Konfession. Politik, Religion und literarische Identitätsbildung 1850-1918 (Studien und Texte zur Sozialgeschichte der Literatur, Bd. 59), Tübingen 1996, S. 53-78.

Hess, Günther: Die Bilder des Grünen Heinrich, in: Beschreibungskunst und Kunstbeschreibung. Ekphrasis von der Antike bis zur Gegenwart (hg. v. Gottfried Boehm und Helmut Pfotenhauer), München 1995, S. 373-395.

Hölter, Achim (Hg.): *„Soll der Mahler seine Gegenstände lieber aus dem erzählenden oder dramatischen Dichter nehmen?"* (Ludwig Tieck, 1792). Ein ungedruckter Aufsatz Ludwig Tiecks zur Beziehung von Literatur und bildender Kunst, in: Frühe Romantik - Frühe Komparatistik, hg. v. Achim Hölter (Helicon, Beiträge zur deutschen Literatur, Bd. 27), Frankfurt a.M. 2001, S. 9-25

Littlejohns, Richard: Der Rutsch in die Fiktion: Renaissancekunst und Renaissancekünstler in Tiecks Franz Sternbalds Wanderungen, in: Romantik und Renaissance. Die Rezeption der italienischen Renaissance in der deutschen Romantik, hg. v. Silvio Vietta, Stuttgart 1994, S. 163-176.

Michel, Karl Markus: Das Härlein an der Feder. Romananfänge aus der deutschen Trivialliteratur, in: Romananfänge. Versuch zu einer Poetik des Romans (hg. v. Norbert Miller), Berlin 1965, S. 206-272.

Minder Robert: Ludwig Tieck. Ein Porträt, in: Segebrecht, Wulf: Ludwig Tieck (Wege der Forschung, Bd. 386), Darmstadt 1976, S. 266-279.

Preisendanz, Wolfgang: Gottfried Keller. Der Grüne Heinrich, in: Der deutsche Roman. Vom Barock bis zur Gegenwart, hg. v. Benno von Wiese, Düsseldorf 1963.

Rosenkranz, Karl: Ludwig Tieck und die romantische Schule (1838), in: Ludwig Tieck, hg. v. Wulf Segebrecht (Wege der Forschung, Bd. 386), Darmstadt 1976, S. 1-45.

Sautermeister, Gert: Gottfried Keller: Der Grüne Heinrich. Gesellschaftsroman, Seelendrama, Romankunst, in: Horst Denkler (Hg.): Romane und Erzählungen des bürgerlichen Realismus, Stuttgart 1980, S. 80-123.

Schönert, Jörg: Die „bürgerlichen Tugenden" auf dem Prüfstand der Literatur. Zu Gottfried Kellers *Der Grüne Heinrich, Die Leute von Seldwyla, Martin Salander*, in: Bildung und Konfession. Politik, Religion und literarische Identitätsbildung 1850-1918 (Studien und Texte zur Sozialgeschichte der Literatur, Bd. 59), Tübingen 1996, S. 39-51.

Schulz, Wilhelm: Offener Brief an den Verfasser des Romans „Der Grüne Heinrich", in: Blätter für literarische Unterhaltung, Nr. 37, 1855.

Strack, Friedrich: Die „göttliche Kunst" und ihre Sprache. Zum Kunst- und Religionsbegriff bei Wackenroder, Tieck, Novalis, in: Deutsche Vierteljahresschrift für Literaturwissenschaft und Geistesgeschichte 52, 1978, S. 369-391.

Internetquelle:

http:// www.gottfriedkeller.ch

Bildquellen:

Abbildung 1: Hess, Günther: Die Bilder des Grünen Heinrich, in: Beschreibungskunst und Kunstbeschreibung. Ekphrasis von der Antike bis zur Gegenwart (hg. v. Gottfried Boehm und Helmut Pfotenhauer), München 1995, S. 373-395, S. 394.

Abbildung 2 und 3: Schaffner, Paul: Gottfried Keller als Maler, Stuttgart/Berlin 1923, S. 190 und 193.

Abbildung 4: http://www.art-perfect.de/cdf.jpg, vom 2.07.2007.

IX Anhang

Abbildung 1: August Riedel, Judith, 1840.

Abbildung 2: Deckel (innere Seite) einer Schreibmappe Gottfried Kellers, Heidelberg 1849.

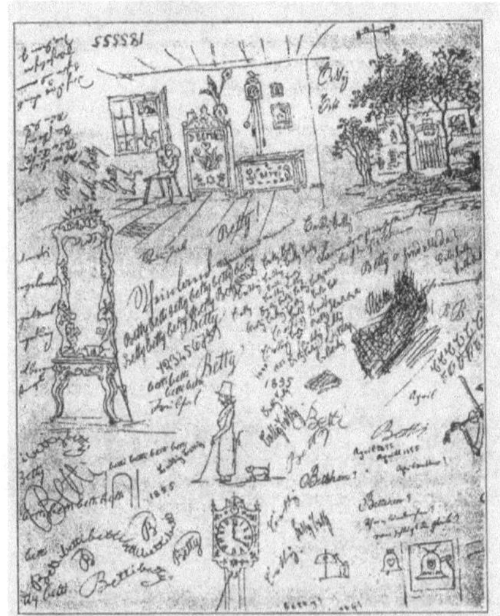

Abbildung 3: Schreibunterlage Gottfried Kellers. Detail. Berlin 1855.

Abbildung 4: Caspar David Friedrich, „Wanderer über dem Nebelmeer“, um 1818.

Zeitfracht Medien GmbH
Ferdinand-Jühlke-Straße 7
99095 Erfurt, Deutschland
produktsicherheit@kolibri360.de